LE JURY

EN MATIÈRE CRIMINELLE

FORMATION DES LISTES

PAR LES COMMISSIONS DE CANTON ET D'ARRONDISSEMENT

COMMENTAIRE EXPLICATIF

DE LA LOI DU 21 NOVEMBRE 1872

Par N.-A. GUILBON

JUGE DE PAIX DU IXe ARRONDISSEMENT DE LA VILLE DE PARIS,
AUTEUR
DU TRAITÉ DE LA COMPÉTENCE CIVILE DES JUGES DE PAIX,
DU TRAITÉ DE LA POLICE JUDICIAIRE
ET DU TRAITÉ DE LA POLICE DU ROULAGE

PARIS
AU BUREAU DU CORRESPONDANT DES JUSTICES DE PAIX
12, RUE DES SAINTS-PÈRES, 12
1872

LE JURY
EN MATIÈRE CRIMINELLE

LE JURY
EN MATIÈRE CRIMINELLE

FORMATION DES LISTES
PAR LES COMMISSIONS DE CANTON ET D'ARRONDISSEMENT

COMMENTAIRE EXPLICATIF
DE LA LOI DU 21 NOVEMBRE 1872

Par N.-A. GUILBON

JUGE DE PAIX DU IXe ARRONDISSEMENT DE LA VILLE DE PARIS,
AUTEUR
DU TRAITÉ DE LA COMPÉTENCE CIVILE DES JUGES DE PAIX,
DU TRAITÉ DE LA POLICE JUDICIAIRE
ET DU TRAITÉ DE LA POLICE DU ROULAGE.

PARIS
AU BUREAU DU CORRESPONDANT DES JUSTICES DE PAIX
12, RUE DES SAINTS-PÈRES, 12
1872

INTRODUCTION

Avant 1848, les listes du jury étaient établies conformément à la loi du 2 mai 1827, qui avait profondément modifié les dispositions des articles 382 et suivants du Code d'instruction criminelle de 1810, sous l'empire desquelles les préfets étaient en quelque sorte investis du pouvoir de faire des jurés à volonté. Toutefois, la liste générale dont la formation avait été prescrite par cette loi, et qui, outre l'adjonction de ce qu'on appelait alors les *capacités*, comprenait les membres des colléges électoraux et un certain nombre de plus imposés pour chaque département; cette liste générale, dis-je, se trouvait considérablement étendue par l'effet de la loi du 19 avril 1831, qui avait abaissé le cens électoral au chiffre de 200 francs.

L'avénement du suffrage universel, c'est-à-dire la suppression complète de ce cens, devait nécessairement exercer sur la législation d'alors une influence analogue à celle que le simple abaissement du cens avait eue, en 1831, sur les lois antérieures. Les modifications qui en ont été la conséquence se sont traduites par le décret du 7 août 1848, remplacé d'abord par la loi du 4 juin 1853, remis en vigueur par un décret du 14 octobre 1870, et finalement abrogé par la loi du 21 novembre 1872, dont je me propose d'examiner les dispositions dans ce modeste ouvrage.

La loi actuelle, semblable en cela à ses devancières, apporte, elle aussi, de nombreuses et importantes modifications à celles qui l'ont précédée. Il est donc nécessaire d'étudier ces dispositions, et c'est pour faciliter cette étude que j'ai conçu l'idée de publier un commentaire explicatif succinct, mais complet, dont aucune des lois antérieures n'avait encore été l'objet.

Mon but n'est autre que de faciliter, je le répète, l'étude des dispositions nouvelles, et de venir en aide aux fonctionnaires chargés de leur exécution, c'est-à-dire à MM. les présidents des tribunaux civils, juges de paix et suppléants, maires et adjoints, conseillers généraux, d'arrondissement et municipaux, appelés à faire partie, soit comme présidents, soit comme simples membres, des commisions chargées de dresser les listes préparatoires et définitives des jurés.

LE JURY
EN MATIÈRE CRIMINELLE

LOI SUR LE JURY.

TITRE Ier.

CONDITIONS REQUISES POUR ÊTRE JURÉ.

Article premier. — Nul ne peut remplir les fonctions de juré, à peine de nullité des déclarations de culpabilité auxquelles il aurait concouru, s'il n'est âgé de trente ans accomplis, s'il ne jouit des droits politiques, civils et de famille, ou s'il est dans un des cas d'incapacité ou d'incompatibilité établis par les deux articles suivants.

Art. 2. — Sont incapables d'être jurés :

1° Les individus qui ont été condamnés, soit à des peines afflictives et infamantes, soit à des peines infamantes seulement;

2° Ceux qui ont été condamnés à des peines correctionnelles pour faits qualifiés crimes par la loi;

3° Les militaires condamnés au boulet ou aux travaux publics;

4° Les condamnés à un emprisonnement de trois mois au moins; toutefois, les condamnations pour délits politiques ou de presse n'entraîneront que l'incapacité temporaire dont il est parlé au paragraphe 11 du présent article;

5° Les condamnés à l'amende ou à l'emprisonnement, quelle qu'en soit la durée, pour vol, escroquerie, abus de confiance, soustraction commise par des dépositaires publics, attentats aux mœurs prévus par les articles 330 et 334 du Code pénal, délit d'usure; les condamnés à l'emprisonnement pour outrage à la morale publique et religieuse, attaque contre le principe de la propriété et les droits de la famille, délits commis contre les mœurs par l'un des moyens énoncés dans l'article 1er de la loi du 17 mai 1819, pour vagabondage ou mendicité, pour infraction aux dispositions des articles 60, 63 et 65 de la loi sur le recrutement de l'armée et aux dispositions de l'article 423 du Code pénal, de l'article 1er de la loi du 27 mars 1851 et de l'article 1er de la loi des 5-9 mai 1855; pour les délits prévus par les articles 134, 142, 143, 174, 251, 305, 345, 362, 363, 364 § 3, 365, 366, 387, 389, 399 § 2, 400 § 2, 418 du Code pénal;

6° Ceux qui sont en état d'accusation ou de contumace;

7° Les notaires, greffiers et officiers ministériels destitués;

8° Les faillis non réhabilités dont la faillite a été déclarée, soit par les tribunaux français, soit par jugement rendu à l'étranger, mais exécutoire en France;

9° Ceux auxquels les fonctions de jurés ont été interdites en vertu de l'article 396 du Code d'instruction criminelle ou de l'article 42 du Code pénal;

10° Ceux qui sont sous mandat d'arrêt ou de dépôt;

11° Sont incapables, pour cinq ans seulement, à dater de l'expiration de leur peine, les condamnés à un emprisonnement de moins de trois mois, pour quelque délit que ce soit, même pour les délits politiques ou de presse ;

12° Sont également incapables les interdits, les individus pourvus de conseils judiciaires, ceux qui sont placés dans un établissement public d'aliénés, en vertu de la loi du 30 juin 1838.

Art. 3. — Les fonctions de jurés sont incompatibles avec celles de député, de ministre, membre du Conseil d'État, membre de la Cour des Comptes, sous-secrétaire d'État ou secrétaire général d'un ministère, préfet et sous-préfet, secrétaire général de préfecture, conseiller de préfecture, membre de la Cour de cassation ou des Cours d'appel, juge titulaire ou suppléant des Tribunaux civils et des Tribunaux de commerce, officier du ministère public près les Tribunaux de première instance, juge de paix, commissaire de police, ministre d'un culte reconnu par l'État, militaire de l'armée de terre ou de mer en activité de service et pourvu d'emploi, fonctionnaire ou préposé du service actif des douanes, des contributions indirectes, des forêts de l'État et de l'administration des télégraphes, instituteur primaire communal.

Art. 4. — Ne peuvent être jurés les domestiques et serviteurs à gages, ceux qui ne savent pas lire et écrire en français.

Art. 5. — Sont dispensés des fonctions de jurés :

1° Les septuagénaires ; 2° ceux qui ont besoin pour vivre de leur travail manuel et journalier ; 3° ceux qui ont rempli lesdites fonctions pendant l'année courante ou l'année précédente.

TITRE II.

DE LA COMPOSITION DE LA LISTE ANNUELLE.

Art. 6. — La liste annuelle du jury comprend :

Pour le département de la Seine, 3,000 jurés; pour les autres départements, un juré par 500 habitants, sans toutefois que le nombre des jurés puisse être inférieur à 400 et supérieur à 600.

La liste ne peut comprendre que des citoyens ayant leur domicile dans le département.

Art. 7. — Le nombre des jurés pour la liste annuelle est réparti, par arrondissement et par canton, proportionnellement au tableau officiel de la population. Cette répartition est faite par arrêté du préfet pris sur l'avis conforme de la commission départementale, et, pour le département de la Seine, sur l'avis conforme du bureau du Conseil général, au mois de juillet de chaque année.

A Paris, la répartition est faite entre les arrondissements et les quartiers.

En adressant au juge de paix l'arrêté de répartition, le préfet lui fait connaître les noms des jurés du canton désignés par le sort pendant l'année courante et pendant l'année précédente.

Art. 8. — Une commission composée, dans chaque canton, du juge de paix, président, des suppléants du juge de paix et des maires de toutes les communes du canton, dresse une liste préparatoire de la liste annuelle. Cette liste, contient un nombre de noms double de celui fixé pour le contingent du canton.

Dans les cantons formés d'une seule commune, la commission est composée, indépendamment du juge de paix et de ses suppléants, du maire de la commune et de deux conseillers désignés par le Conseil municipal.

Dans les communes divisées en plusieurs cantons, il y a autant de commissions que de cantons. Chacune de ces commissions est composée, indépendamment du juge de paix et de ses suppléants, du maire de la ville ou d'un adjoint délégué par lui, de deux conseillers municipaux désignés par le conseil et des maires des communes rurales comprises dans le canton.

Art. 9. — A Paris, les listes préparatoires sont dressées pour chaque quartier par une commission composée du juge de paix de l'arrondissement ou d'un suppléant du juge de paix, président, du maire de l'arrondissement ou d'un adjoint, du conseiller municipal nommé dans le quartier et, en outre, de quatre personnes désignées par ces trois premiers membres parmi les jurés qui ont été portés l'année précédente sur la liste de l'arrondissement, et qui ont leur domicile dans le quartier.

Art. 10. — Les commissions chargées de dresser les listes préparatoires se réunissent dans la première quinzaine du mois d'août, au chef-lieu de leur circonscription, sur la convocation spéciale du juge de paix, délivrée dans la forme administrative.

Les listes sont dressées en deux originaux, dont l'un reste déposé au greffe de la justice de paix et l'autre est transmis au greffe du tribunal civil de l'arrondissement.

Dans le département de la Seine, le second original des listes dressées par les commissions de canton ou de quartier est envoyé au greffe du tribunal de la Seine.

Le public est admis à prendre connaissance des listes préparatoires pendant les quinze jours qui suivent le dépôt de ces listes au greffe de la justice de paix.

Art. 11. — La liste annuelle est dressée, pour chaque arrondissement, par une commission composée du président du tribunal civil ou du magistrat qui en remplit les fonctions, président, des juges de paix et des conseillers généraux. En cas d'empêchement, le conseiller général d'un canton sera remplacé par le conseiller d'arrondissement, ou s'il y a deux conseillers d'arrondissement dans le canton, par le plus âgé des deux.

A Paris, la commission est composée, pour chaque arrondissement, du président du tribunal civil de la Seine ou d'un juge délégué par lui, président, du juge de paix de l'arrondissement et de ses suppléants, du maire, des quatre conseillers municipaux de l'arrondissement.

Les commissions de Saint-Denis et de Sceaux sont présidées par un juge du tribunal civil de la Seine, délégué par le président de ce tribunal.

Art. 12. — Dans tous les cas prévus par la présente loi, le maire, s'il est empêché, sera remplacé par un adjoint expressément délégué.

Art. 13. — La commission chargée de dresser la liste annuelle des jurés se réunit au chef-lieu judiciaire de l'arrondissement, au plus tard dans le courant de septembre, sur la convocation faite par le président du tribunal civil. Elle peut porter sur cette liste des noms de personnes qui n'ont point été inscrites sur les listes préparatoires des commissions cantonales, sans toutefois que le nombre de ces noms puisse excéder le quart de ceux qui sont portés pour le canton. Elle a également la faculté d'élever ou d'abaisser, pour chaque canton, le contingent proportionnel fixé par le préfet, sans toutefois que la réduction ou l'augmentation puisse excéder le quart du contingent du canton ni modifier le contingent de l'arrondissement.

Les décisions sont prises à la majorité ; en cas de partage, la voix du président est prépondérante.

Art. 14. — La liste de l'arrondissement, définitivement arrêtée, est signée séance tenante. Elle est transmise, avant le 1er décembre, au greffe de la cour ou du tribunal chargé de la tenue des assises.

Art. 15. — Une liste spéciale de jurés suppléants, pris parmi les jurés de la ville où se tiennent les assises, est aussi formée chaque année, en dehors de la liste annuelle du jury.

Elle comprend 300 jurés pour Paris, 50 pour les autres départements.

Cette liste est dressée par la commission de l'arrondissement où se tiennent les assises.

A Paris, chaque commission d'arrondissement arrête une liste de quinze jurés suppléants.

Art. 16. — Le premier président de la cour d'appel ou le président du tribunal chef-lieu d'assises dresse, dans la première quinzaine de décembre, la liste annuelle du département, par ordre alphabétique, conformément aux listes d'arrondissement. Il dresse également la liste spéciale des jurés suppléants.

Art. 17. — Le juge de paix de chaque canton est tenu d'instruire immédiatement le premier président de la cour ou le président du tribunal chef-lieu d'assises des décès, des incapacités ou des incompatibilités légales qui frapperaient les membres dont les noms sont portés sur la liste annuelle.

Dans ce cas, il est statué conformément à l'article 390 du Code d'instruction criminelle.

TITRE III.

DE LA COMPOSITION DE LA LISTE DU JURY POUR CHAQUE SESSION.

Art. 18. — Dix jours au moins avant l'ouverture des assises, le premier président de la cour d'appel ou le président du tribunal chef-lieu d'assises, dans les villes où il n'y a pas de cour d'appel, tire au sort, en audience publique, sur la liste annuelle, les noms des trente-six jurés qui forment la liste de la session. Il tire, en outre, quatre jurés suppléants sur la liste spéciale.

Art. 19. — Si, au jour indiqué pour le jugement, le nombre des jurés est réduit à moins de trente par suite d'absence ou pour toute autre cause, ce nombre est complété par les jurés suppléants, suivant l'ordre de leur inscription; en cas d'insuffisance, par des jurés tirés au sort, en audience publique, parmi les jurés inscrits sur la liste spéciale; subsidiairement parmi les jurés de la ville inscrits sur la liste annuelle.

Dans le cas prévu par l'article 90 du décret du 6 juillet 1810, le nombre des jurés titulaires est complété par un tirage au sort fait, en audience publique, parmi les jurés de la ville inscrits sur la liste annuelle.

Art. 20. — L'amende de 500 francs, prononcée par le deuxième paragraphe de l'article 396 du Code d'instruction criminelle, peut être réduite par la cour à 200 francs, sans préjudice des autres dispositions de cet article.

TITRE IV.

DISPOSITIONS GÉNÉRALES.

Art. 21. — La loi du 4 juin 1853 et le décret du 14 octobre 1870 sont abrogés.

Les dispositions du Code d'instruction criminelle qui ne sont pas contraires à la présente loi continueront d'être exécutées.

La liste générale du jury et la liste annuelle, dressées pour l'année 1872, seront valables pour cette année.

DISPOSITIONS TRANSITOIRES.

Art. 22. — En 1872, pour l'année 1873, la répartition prescrite par l'article 7 sera faite en Conseil de préfecture, dans les huit jours qui suivront la promulgation de la présente loi.

Les commissions chargées de dresser les listes préparatoires se réuniront du 1er au 10 décembre. Le public sera admis à prendre connaissance des listes préparatoires pendant les cinq jours qui suivront le dépôt de ces listes au greffe de la justice de paix.

Les commissions chargées de dresser les listes annuelles se réuniront du 15 au 25 décembre.

Le premier président de la cour d'appel ou le président du tribunal chef-lieu d'assises dressera, du 25 au 31 décembre, la liste annuelle du département et la liste spéciale des jurés suppléants.

Les sessions d'assises qui se tiennent pendant le mois de janvier ne s'ouvriront pas avant le 15 janvier 1873. Toutes sessions dont l'ouverture serait indiquée pour une date plus rapprochée, sont remises au lundi 21 janvier 1873.

COMMENTAIRE EXPLICATIF

TITRE PREMIER.

Conditions requises pour être juré.

Article premier.

Nul ne peut remplir les fonctions de juré, à peine de nullité des déclarations de culpabilité auxquelles il aurait concouru, s'il n'est âgé de trente ans accomplis, s'il ne jouit des droits politiques, civils et de famille, ou s'il est dans un des cas d'incapacité ou d'incompatibilité établis par les deux articles suivants.

COMMENTAIRE.

Cet article est la reproduction littérale de l'article 1er de la loi du 4 juin 1853, sauf que la disposition actuelle ajoute aux mots : « *à peine de nullité* » que contenait seulement la disposition précédente, ceux-ci : « *des déclarations de culpabilité auxquelles il aurait concouru* », addition qui ne fait que compléter le sens d'un texte dont la signification était la même évidemment.

C'est par erreur, croyons-nous, que la disposition finale de l'article 1er, en parlant des cas d'incapacité et d'incompatibilité, énonce qu'ils sont établis *par les deux articles suivants,* c'est-à-dire par les articles 2 et 3. En s'occupant des domestiques et serviteurs et des personnes illettrées, quoique l'article 4 dispose ainsi : *Ne peuvent* être jurés, ces individus nous semblent réellement atteints d'incapacité, à un autre titre, sans doute, mais tout aussi bien que ceux dont il est question en l'article 2, et nous n'hésitons pas à penser que la disposition doit être comprise et appliquée comme s'il y était dit : *par les trois articles suivants.*

La loi a toujours exigé qu'un juré eût trente ans accomplis, et cette condition d'âge est nécessairement substantielle. Remarquons cependant que, comme l'ont décidé deux arrêts de la Cour de cassation des 11 mai 1849 (*Journal du Palais*, 1850, tome 1er, page 663) et 20 septembre 1855 (*Journal du Palais*, 1856, tome 1er p. 324), un juré fonctionne régulièrement dès l'instant qu'il a trente ans accomplis le jour de la formation du jury de jugement. Il n'est donc pas besoin qu'il ait atteint cet âge au jour de l'établissement des listes dont nous parlerons plus tard en examinant les articles 8 à 15 ; il suffit que la trentième année doive s'accomplir avant le premier janvier de celle où il est appelé à siéger. Ajoutons que, pour prévenir toute erreur, les circulaires ministérielles des 10 septembre 1848 et 26 août 1853 recommandent, avec raison, d'indiquer sur les listes la date précise de la naissance des jurés qui y sont inscrits.

Mais il ne suffit pas, pour être apte à remplir les fonctions de juré, d'avoir atteint l'âge fixé par la loi;

il faut encore, et notre article l'exige de la manière la plus expresse, avoir la jouissance des droits politiques, civils et de famille.

Or, il est essentiel de rappeler tout d'abord un principe incontestable et qui ne souffre aucune exception, c'est que, si l'étranger peut quelquefois être admis à la jouissance des droits civils en France, ainsi qu'on le verra plus loin, l'exercice des droits politiques est réservé aux Français seuls, qui seuls aussi peuvent revendiquer la qualité de *citoyen*, laquelle, suivant la disposition de l'article 7 du Code civil, ne s'acquiert et ne se conserve que conformément à la loi constitutionnelle.

Il importe donc de donner ici un rapide exposé des principes généraux qui régissent l'état des personnes au point de vue de la nationalité française.

Dans l'ancien droit et sous l'empire des lois intermédiaires, la nationalité était déterminée par le lieu de la naissance : il suffisait d'être né en France et d'y être domicilié pour avoir la qualité de Français.

Mais le Code civil a substitué à cette règle une règle différente, en faisant, au contraire, en principe, découler de la filiation la nationalité des individus, de telle sorte qu'il suffit aujourd'hui d'être né d'un Français, en quelque pays que ce soit, pour avoir la qualité de Français.

Néanmoins, il est quelques exceptions à ce principe général. Nous ferons connaître successivement celles que le législateur a jugé utile d'y apporter.

Sont Français de plein droit :

1° Les individus nés en légitime mariage, soit à l'étranger (Code civil, art. 10), soit, à plus forte raison, en France, de père et mère français, ou d'un père français et d'une mère d'origine étrangère, mais devenue française par son mariage, ainsi qu'on le verra plus loin;

2° L'enfant naturel né d'une Française, soit en France, soit à l'étranger, à moins qu'il n'ait été reconnu par un père étranger, auquel cas il devient étranger comme lui ;

3° L'enfant naturel d'une mère étrangère reconnu par un père français.

Dans ces deux derniers cas, il importerait peu que la reconnaissance eût été faite tout à la fois par le père et la mère; car, comme l'enseigne M. Valette, *Explication du Livre* 1er du Code civil, *pages* 9 *et* 10, la relation de l'enfant avec le père est prédominante et se manifeste clairement par la transmission du nom de famille. La même doctrine, adoptée par MM. Demolombe, *Cours de Code civil*, tome 1er, pages 151 et suivantes, n°s 149 et 150, et Alauzet, pages 3 à 5, n°s 8 à 10, ressort d'un arrêt de la Cour de cassation (ch. req.) du 22 mai 1865 (*Journal du Palais*, 1865, p. 984), intervenu en matière électorale. Cet arrêt décide qu'un enfant naturel reconnu par un père étranger, est étranger lui-même, bien que né en France, et ne peut devenir Français qu'en usant du bénéfice de l'article 9 du Code civil ou de la loi du 22 mars 1849.

4° L'individu né en France, même d'un père étranger, antérieurement à la publication du Code civil (1) et, par suite, ses enfants, alors même que la naissance de ceux-ci aurait eu lieu à l'étranger, — V., notamment, à cet égard, Cass., 5 mai 1862 (*Journal du Palais*, 1863, p. 312), et Alauzet, p. 13 et suiv., n° 18;

5° Les habitants des pays réunis à la France, à partir du jour même de la réunion. — V. Pothier, *Des personnes*, 1re partie, tit. 2, section 1re; Demolombe, t. 1er, p. 163, n° 157, et Alauzet, p. 7, n° 14;

6° L'individu né en France de père et de mère inconnus. Dans le doute, on ne doit s'attacher qu'au lieu de la naissance : la présomption est nécessairement pour la nationalité française;

7° L'individu né en France d'un père étranger qui, lui-même, y est né, sauf le droit à lui réservé de réclamer la qualité d'étranger dans l'année de sa majorité (Loi du 7 février 1851, art. 1er).

Avant cette loi, l'individu dont il s'agit se trouvait placé sur la même ligne que celui dont le père était né à l'étranger. L'un et l'autre, comme on va le voir, étaient aptes à devenir Français en remplissant les conditions prescrites par l'article 9 du Code civil. Mais la loi de 1851 a profondément modifié cet état de choses : restreignant l'applicabilité des dispositions dudit article 9 au seul cas où le père est né à l'étranger, elle a, pour le cas où la naissance du père

(1) Les articles 7 et suiv. ont été promulgués le 18 mars 1803.

et celle de l'enfant ont eu lieu en France, substitué à la présomption qui sert de base à ces dispositions une présomption toute contraire, en déclarant l'enfant Français de plein droit, avec réserve de la faculté qui lui est accordée de réclamer l'extranéité dans l'année qui suit l'époque de sa majorité.

Peuvent réclamer la qualité de Français :

1° L'invidu né en France d'un étranger né lui-même à l'étranger, à la charge de fixer son domicile en France, et de former sa réclamation, soit dans l'année de sa majorité (Code civil, art. 9), soit même dans quelque délai que ce soit, s'il sert ou a servi dans les armées françaises, ou encore s'il a satisfait à la loi du recrutement sans exciper de son extranéité (Loi du 22 mars 1849).

La qualité d'étrangers des individus dont s'occupent l'article 9 du Code civil et la loi de 1849 n'est qu'une présomption que le législateur les admet à faire cesser. Or, quand la réclamation se produit, cette présomption est censée n'avoir jamais existé. Malgré l'opinion contraire soutenue par de nombreuses autorités, la Cour de Paris, suivant arrêt du 11 décembre 1847 (*Journal du Palais*, 1848, t. II, p. 577), et la Cour de cassation, par arrêt du 19 juillet 1848 (*Ibid.*, p. 609), ont nettement consacré la doctrine qui consiste à faire profiter de la qualité de Français l'étranger qui la réclame en vertu de l'article 9 du Code civil, non pas seulement pour l'avenir, mais à partir du jour où il est né, et cela, porte l'arrêt de la Cour de cassation, par le motif que l'enfant qui a accompli la condition prescrite par cet article est Français, en vertu d'un droit qui lui est propre, sa déclaration ayant moins pour objet de lui faire acquérir la qualité qu'il réclame que de servir à la constater.

La même doctrine est enseignée par M. Coin-Delisle, *Nationalité des enfants nés en France*, p. 7 et suiv., n°s 4 à 8, et par M. Valette, *Explicat.*, p. 10 et 11 : « En somme, dit cet éminent professeur, le mineur né en France doit être regardé comme étant Français, plutôt sous une condition suspensive que sous une condition résolutoire. Si, arrivé à sa majorité, il se conforme à ce que lui prescrit l'article 9, la condition se réalise et opère rétroactivement ses effets en embrassant toute la vie de l'individu à partir de sa naissance. »

2° Les enfants nés en pays étranger d'un père naturalisé Français depuis leur naissance, mais pendant leur minorité, à la charge par eux de satisfaire aux prescriptions de l'article 9 du Code civil dans l'année de leur majorité. — Loi du 7 février 1851, article 2;

3° Les enfant nés, soit en France, soit à l'étranger, et qui étaient majeurs à l'époque de la naturalisation de leur père, à la condition d'observer les mêmes prescriptions, dans l'année de cette naturalisation (*Ibid.*).

Est Francais par le bénefice de la loi, l'étranger naturalisé Français (Loi du 3 décembre 1849).

Peuvent recouvrer la qualité de Français :

1° Le Français qui, soit par l'effet de sa naturalisation en pays étranger, soit par toute autre cause déterminée par les lois (Code civil, articles 17 et 21 ; décret du 27 avril 1848 ; loi du 28 mai 1858), a perdu sa qualité de Français (Code civil, article 19) ;

2° L'enfant né en pays étranger d'un Français qui a perdu cette qualité ; il recouvre la nationalité française en remplissant les conditions imposées par l'article 9 aux individus nés en France d'un père étranger (Code civil, article 10).

L'article 9 du Code civil, après avoir disposé que la femme Française qui épouse un étranger suit la condition de son mari, ajoute que, si elle devient veuve, elle recouvrera sa qualité originaire, pourvu qu'elle réside en France ou qu'elle y rentre avec l'autorisation du Gouvernement, en déclarant qu'elle veut s'y fixer. Or, cette dernière disposition soulève une question pleine d'intérêt. Quand, profitant de la faculté qui lui est réservée, une veuve d'étranger, d'origine française, recouvre sa nationalité primitive, ses enfants mineurs deviennent-ils Français ?

Se fondant sur les graves inconvénients qu'il y aurait à leur maintenir la qualité d'étrangers, alors que toute leur famille maternelle est française, M. Duvergier, *Collect. des lois*, 1832, p. 641, enseigne que, par le seul fait de l'application de l'art 19 à leur mère, les enfants deviennent Français. Mais cette opinion, dont on ne saurait d'ailleurs nier le caractère séduisant, si l'on songe surtout aux incapacités nombreuses et souvent choquantes qu'elle tend à faire disparaître, n'est, en réalité, basée sur aucun texte. Bien plus, ainsi que l'écrit M. Demolombe, t. I, p. 184, nº 174, la nationalité est une qualité personnelle, une partie essentielle de l'état des enfants, qui leur est conférée par la loi elle-même et qu'aucun représentant n'a le droit d'aliéner en leur nom. Les enfants mineurs continuent donc de demeurer étrangers, et cette solution, généralement admise en doctrine (V. notamment Duranton, t. I, nº 193 *bis*; Coin-Delisle, *Jouiss. et privat. des droits civ.*, p. 65, nº 7; Valette, *Explicat.*, p. 15, et Alauzet, p. 78, nº 91, *in fine*), a été pleinement consacrée par l'arrêt de la Cour d'appel de Paris, du 30 juillet 1855, précédemment cité, qui décide que l'enfant né du mariage d'un étranger avec une Française, et dès lors étranger, ne devient pas Français par cela que sa mère, devenue veuve, recouvre la qualité de Française en remplissant les formalités prescrites par l'article 19; les termes de cet article constituant, au profit de la femme d'origine française, un bénéfice purement personnel, non transmissible et sans réaction sur le passé.

Mais si le bénéfice des dispositions de cet article est tout personnel à la mère et ne peut profiter à ses enfants, qui restent étrangers, ceux-ci peuvent-ils, du moins, invoquer l'application, soit de l'article 10, comme étant nés d'une mère d'origine française, soit de l'article 2 de la loi du 7 février 1851, concernant les enfants de l'étranger naturalisé ?

M. Demolombe, t. I, p. 171, n° 167, considère la seconde diposition de l'article 10 comme étant applicable au cas que nous prévoyons ici, et cela, dit ce jurisconsulte, par le motif que les expressions : *né d'un Français qui aurait perdu la qualité de Français,* comprennent, non-seulement l'homme, mais aussi la femme. La même opinion est adoptée par MM. Demante, *Cours analytique,* t. I, n° 20 *bis* ; Aubry et Rau sur Zachariæ, § 70, note 12.

M. Valette, *Explicat.*, p. 15 et 16, pense qu'il serait raisonnable de permettre aux enfants d'acquérir la qualité de Français, par application, non de l'article 10 du Code civil, mais de l'article 2 de la loi du 7 février 1851, en les assimilant aux enfants d'une mère qui aurait été naturalisée Française.

Cette doctrine est infiniment plus rationnelle. L'article 10 ne saurait recevoir l'interprétation extensive que lui prête M. Demolombe ; ce qui le prouve, à notre avis, du moins, c'est qu'alors il faudrait logiquement aller jusqu'à dire que la nationalité française pourrait être réclamée par les enfants d'une femme française devenue étrangère par son mariage, alors même qu'elle n'aurait point été réintégrée dans son état primitif ; car cet article, à supposer pour un instant qu'il soit applicable, n'exige pas l'accomplissement d'une telle condition.

M. Alauzet, p. 23, n° 31, sans se préoccuper de la loi de 1851 et de l'assimilation que propose M. Valette, se borne à combattre l'opinion de M. Demolombe et à écarter l'application de l'article 10, par le motif que c'est la filiation paternelle qui règle exclusivement la nationalité dans la loi française, et que, dès lors, il est sans importance de savoir ce qu'est la mère ou ce qu'elle a été.

Quoiqu'il en soit, la question a été résolue dans ce dernier sens par un arrêt de la Cour d'appel de Paris, du 30 juillet 1855 (*Journal du Palais*, 1856, t. II, p. 74), lequel refuse aux enfants dont il s'agit, dès l'instant qu'ils sont nés à l'étranger, le droit de réclamer la qualité de Français quand ils ont atteint leur majorité, attendu que ce droit n'est accordé par les articles 9 et 10 qu'aux enfants nés en France d'un étranger, ou nés à l'étranger d'un Français qui avait perdu cette qualité.

Constatons qu'il n'en est pas des cas où la nationalité française est reconquise en vertu des articles 10, 18 et 19, comme du cas où la qualité de Français est réclamée par application de l'article 9. Suivant les dispositions de l'article 20, les individus dont nous nous occupons ici ne peuvent se prévaloir de la qualité qu'ils ont recouvrée que pour l'exercice des droits ouverts à leur profit depuis l'époque où ils ont rempli les conditions qui leur sont imposées par la loi.

Tout individu auquel la loi n'accorde pas ou refuse la qualité de Français est nécessairement étranger.

En outre, cessent d'avoir la qualité de Français les Français d'origine qui l'ont perdue, soit par l'effet de la naturalisation en pays étranger, soit par toute autre cause légale, et qui ne l'ont pas reconquise ainsi qu'ils y sont autorisés par les articles 18 et 21 du Code civil. Il importe de remarquer, à cet égard, que la femme et les enfants d'un Français qui perd cette qualité, restent Français : « La femme Française dont le mari perd la qualité de Français, dit M. Valette, sur Proudhon, t. 1er, p. 126, note *d*, doit rester Française; on ne la rendra pas étrangère contre sa volonté et sans qu'il y ait de faute à lui imputer. Cela serait vrai lors même qu'elle aurait suivi son mari naturalisé, ou devenu fonctionnaire, ou établi sans esprit de retour à l'étranger : elle n'a fait que son devoir en suivant son mari, même hors de France. »

Il est des individus (et ils sont nombreux) qui, après avoir quitté leur pays d'origine, se sont depuis longtemps fixés en France, où ils ont installé leur établissement, fixé leur domicile, contracté des alliances, centralisé leur fortune, leurs affections, etc., de telle sorte qu'il n'existe véritablement aucun doute sur leur intention d'abandonner leur première patrie sans esprit de retour.

Ces étrangers sont de deux espèces. Les uns ont été autorisés par le Gouvernement à établir leur domicile en France; les autres ont négligé de se pourvoir de cette autorisation ou ne l'ont point obtenue.

Quant aux premiers, ils tiennent de l'art. 13 du Code civil, la jouissance de *tous les droits civils*, dont l'exercice est entièrement indépendant de la qualité de citoyen, laquelle, ainsi que nous l'avons dit précédemment, ne peut appartenir qu'aux Français d'origine ou naturalisés. Il y a plus, c'est que l'état et la capacité de ces étrangers bénéficiaires de l'art. 13, et notamment leurs relations de famille, comme celles d'époux, de père, de parent, se trouvent régis par la loi française. « Si l'étranger a perdu tout esprit de retour dans sa patrie, dit M. Valette, sur Proudhon, t. 1er, p. 179, en note, et s'il a demandé d'établir son domicile en France, il paraît raisonnable de lui accorder une participation complète aux droits privés établis par la loi française. Dans la position où il s'est placé, lui refuser l'application de lois en matière d'état et de capacité, serait lui causer un préjudice plutôt que de lui réserver un avantage. » M. Demolombe, t. 1er, p. 329, n° 266, se prononce dans le même sens.

Dans tous les cas, les étrangers dont il s'agit ici ne jouissent pas des droits politiques, et, par conséquent, ne sont point aptes à remplir les fonctions de juré.

Il en est de même, et *a fortiori*, des étrangers domiciliés sans autorisation auxquels Proudhon, t. 1er, p. 191 et suiv., attribue la qualité d'incolat : *Incolas vero domicilium facit* (L. 7, Code *De Incolis*, lib. 10, tit. 39), parce que, nouveaux domiciliés, ils supportent, à raison de leur établissement, leur part des charges publiques : *Incola est, qui aliquà regione domicilium suum contulit* (L. 239, § 2. ff. *De verb signif.* lib. 50, tit. 16). « Ces étrangers domiciliés en France, après avoir abdiqué leur patrie sans esprit de retour, dit Proudhon, ne peuvent être assimilés à ceux qui n'y existent qu'accidentellement et comme voyageurs; d'où suit que, s'ils ne jouisssent pas de tous les droits civils, avantage auquel participent seuls les étrangers autorisés par le Gouvernement à établir leur domicile en France, ils doivent du moins jouir des droits purement personnels pour le règlement de leurs qualités et de leur état. »

Quels seront la position, l'état, des enfants d'étrangers qui se sont fixés en France, s'y sont mariés, y ont établi leur domicile à perpétuelle demeure, annonçant ainsi d'une manière non équivoque l'intention d'abandonner leur pays originaire ?

Proudhon, t. I, p. 197 et suiv., reconnaît bien que l'individu né en France d'un étranger y voyageant n'est lui-même qu'un étranger devant suivre la condition de son père, et ne pouvant avoir d'autre patrie et d'autre domicile que le sien. Mais suivant ce jurisconsulte, l'enfant doit être considéré comme Français, dès l'instant que son père s'est établi en France pour y demeurer perpétuellement, et qu'il y a fixé son domicile même sans y avoir été autorisé par le Gouvernement, et cela par les motifs, entre autres : 1° Que l'étranger domicilié en France à perpétuelle demeure n'est plus un étranger proprement dit, puisque son état personnel est l'état d'un français, et que, dès lors, il n'y a pas nécessité d'appliquer à ses enfants le texte de l'art. 9 du Code civil dans toute sa rigueur ; 2° Que ceux qui sont nés en France de parents qui y sont domiciliés, y supportent les charges publiques et personnelles ; 3° Que, s'ils étaient considérés comme étrangers, il en serait de même de leurs enfants et petits-enfants jusqu'à l'infini, et qu'il y aurait injustice à perpétuer ainsi ce vice originel avec les incapacités qui en dérivent.

M. Valette, *Ibid.*, p. 200, en note, tout en reconnaissant qu'il est permis de soutenir que l'état de l'enfant doit se déterminer par l'état du père, admet finalement, avec Proudhon, que la disposition de l'art. 9 doit être restreinte au cas où le père appartient à une autre nation, et que, si le père n'a plus de patrie, il est raisonnable de déterminer l'état de l'enfant comme s'il était né de parents inconnus, et par conséquent de le déclarer Français.

Mais cette doctrine est vivement combattue par M. Demolombe, t. I, p. 159, et 160, n°s 152 et 153, et p. 180, n° 172. « Pour devenir français, en d'autres termes, pour cesser d'être étranger en France, il ne suffit pas, dit ce jurisconsulte, d'avoir perdu la nationalité étrangère ; il faut, de plus, avoir acquis la nationalité française, laquelle ne s'acquiert que par l'accomplissement des formalités que la loi détermine à cet effet. » M. Demolombe applique même la rigueur du principe au cas où le domicile du père a été établi en France, en vertu de l'autorisation du Gouvernement, et cela par le motif qu'une telle autorisation, tant que la naturalisation n'en a pas été la suite, ne confère que la jouissance des droits civils, sans apporter aucun changement à l'état et à la nationalité de l'étranger.

A ne s'en rapporter qu'à la disposition de l'article 9, la seule qui existât à l'époque où ces opinions divergentes se produisaient, nous serions porté à regarder celle de M. Demolombe comme interprétant d'une manière plus satisfaisante la disposition dont il s'agit, laquelle, en définitive, est conçue dans un sens très-général et ne distingue pas entre les divers cas où le père n'a pas son domicile en France et le cas où il y avait fixé son établissement avec ou sans autorisation.

Mais il est un autre texte qui, ce nous semble, fait cesser aujourd'hui toute incertitude à cet égard. Nous voulons parler de l'article 1er de la loi du 7 février 1851. Or, non moins générale que celle de l'article 9 du Code civil, la disposition de cet article, qui d'ailleurs fait disparaître la perpétuité du vice originel dont se trouvait frappée la descendance de l'étranger domicilié, en investissant de la qualité de Français l'individu né en France d'un étranger, à la condition que le père lui-même y soit né, lui refuse par là même tacitement cette qualité pour tous les cas où cette condition vient à manquer.

Ainsi donc, les enfants nés en France d'un étranger qui lui-même n'est pas né sur le territoire français, sont étrangers comme le père, bien que celui-ci ait quitté son pays sans esprit de retour et que, depuis longtemps déjà, il ait fixé son domicile en France, même avec l'autorisation du Gouvernement.

Art. 2.

Sont incapables d'être jurés :

1° Les individus qui ont été condamnés, soit à des

peines afflictives et infamantes, soit à des peines infamantes seulement;

2° Ceux qui ont été condamnés à des peines correctionnelles pour faits qualifiés crimes par la loi;

3° Les militaires condamnés au boulet ou aux travaux publics;

4° Les condamnés à un emprisonnement de trois mois au moins; toutefois, les condamnations pour délits politiques ou de presse n'entraîneront que l'incapacité temporaire dont il est parlé au paragraphe 11 du présent article;

5° Les condamnés à l'amende ou à l'emprisonnement, quelle qu'en soit la durée, pour vol, escroquerie, abus de confiance, soustraction commise par des dépositaires publics, attentats aux mœurs prévus par les articles 330 et 334 du Code pénal, délit d'usure; les condamnés à l'emprisonnement pour outrage à la morale publique ou religieuse, attaque contre le principe de la propriété et les droits de la famille, délits commis contre les mœurs par l'un des moyens énoncés dans l'article 1er de la loi du 17 mai 1819, pour vagabondage ou mendicité, pour infraction aux dispositions des articles 60, 63 et 65 de la loi sur le recrutement de l'armée et aux dispositions de l'article 423 du Code pénal, de l'article 1er de la loi du 27 mars 1851 et de l'article 1er de la loi des 5-9 mai 1855; pour les délits prévus par les articles 134, 142, 143, 174, 251, 305, 345, 362, 363, 364 § 3, 365, 366, 387, 389, 399 § 2, 400 § 2, et 418 du Code pénal;

6° Ceux qui sont en état d'accusation ou de contumace;

7° Les notaires, greffiers et officiers ministériels destitués;

8° Les faillis non réhabilités dont la faillite a été déclarée, soit par les tribunaux français, soit par jugement rendu à l'étranger, mais exécutoire en France;

9° Ceux auxquels les fonctions de jurés ont été interdites en vertu de l'article 396 du Code d'instruction criminelle ou de l'article 42 du Code pénal;

10° Ceux qui sont sous mandat d'arrêt ou de dépôt;

11° Sont incapables, pour cinq ans seulement, à dater de l'expiration de leur peine, les condamnés à un emprisonnement de moins de trois mois pour quelque délit que ce soit, même pour les délits politiques ou de presse;

12° Sont également incapables, les interdits, les individus pourvus de conseils judiciaires, ceux qui sont placés dans un établissement public d'aliénés, en vertu de la loi du 30 juin 1838.

COMMENTAIRE.

OBSERVATIONS GÉNÉRALES.

Les dispositions de cet article, sauf quelques additions et modifications que nous ferons connaître au cours de cet examen, sont la reproduction des causes d'incapacité contenues déjà dans l'article 2 de la loi du 4 juin 1853 qui, elle-même, en avait ajouté quelques-unes à celles que renfermait l'article 3 du décret du 7 août 1848.

Faisons remarquer ici qu'aux termes des articles 8 de la loi du 31 mai 1850, et 14 du décret organique du 2 février 1852, la généralité de ces causes d'incapacité étaient et sont encore aujourd'hui des motifs d'exclusion des listes électorales. Nous aurons l'occasion de rapporter plusieurs décisions intervenues en cette matière et qui, se rattachant aux principes généraux, reçoivent nécessairement application dans celle du jury.

Il résulte de l'économie de notre article, qu'à l'égard des individus qui ont été condamnés pour délits, l'incapacité d'être juré est attachée tantôt à la nature de l'acte qui a été commis, abstraction faite de la durée des pénalités qui l'ont réprimé, tantôt à la gravité de cet acte démontrée par l'étendue de ces pénalités. L'emprisonnement n'est pas toujours exigé, et, dans les cas où la loi l'exige, tantôt il est besoin qu'il atteigne un maximum déterminé, tantôt il suffit que la peine ait été prononcée, quelle que soit sa durée.

Une autre remarque qu'il convient de faire, c'est que les condamnations qui ont pour effet d'entraîner l'incapacité ne peuvent s'entendre que de celles prononcées par les tribunaux français. Cela résulte d'un arrêt de la Cour de cassation du 14 avril 1868 (*J. du Palais*, 1868, p. 419), lequel décide, en outre, et par voie de conséquence, qu'il serait anormal qu'une autorité étrangère pût priver un Français de ses droits de citoyen.

Pour qu'une condamnation ait l'effet d'entraîner l'incapacité d'être juré, il n'est pas besoin que le jugement qui l'a prononcée, s'il est par défaut, ait été signifié. Telle est la solution qui ressort d'un arrêt de la Cour suprême du 26 mars 1862, rendu en matière électorale. Vainement objecterait-on, en effet, que la condamnation n'a rien de définitif tant que la signification du jugement n'a pas fait courir le délai de l'opposition; car, ce qui est autrement vrai, c'est

4

que, si le défaillant n'use pas du droit d'en demander la rétractation par la voie qui lui est ouverte, le jugement restant debout doit produire les mêmes effets que s'il eût été rendu contradictoirement.

L'incapacité résultant d'une condamnation pénale est attachée au seul fait de cette condamnation ; dès lors, elle est encourue, bien que la peine ait été prescrite et quel que soit le temps écoulé depuis qu'elle a été prononcée. — Cass., 30 mars 1863 (*J. du Palais*, 1863, p. 1181).

Les actes d'amnistie s'appliquent, on le sait, soit aux faits qui n'ont encore été suivis d'aucune poursuite ou d'aucune condamnation définitive, soit à ceux déjà réprimés par arrêts ou jugements passés en force de chose jugée, mais non encore exécutés. Dans l'un comme dans l'autre cas, ces actes ont pour résultat, non-seulement d'empêcher les poursuites ou d'arrêter l'exécution des condamnations, mais encore de couvrir les faits eux-mêmes du voile de l'oubli ; d'où la conséquence que l'incapacité qui est la suite de ces condamnations, ne saurait leur survivre. C'est là un point bien certain et que la jurisprudence a consacré notamment en matière électorale, par un arrêt de la Cour de cassation (Ch. crim.), du 18 février 1864 (*J. du Palais*, 1864, p. 605).

Mais il en est autrement des lettres de grâce, qui n'ont pas pour effet, comme l'amnistie, d'effacer les causes mêmes des condamnations ; elles anéantissent seulement les peines, et laissent pleinement subsister les incapacités qui en sont la conséquence. C'est ce qu'a jugé la Cour de cassation, suivant arrêts des 21 août 1850 (*J. du Palais*, 1851, t. Ier, p. 121), 30 janvier 1862 (*J. du Palais*, 1862, p. 672), et 6 mars 1865 (*J. du Palais*, 1865, p. 986).

En dehors du cas d'amnistie, il en est un autre où les individus que la loi frappe d'incapacité en sont relevés, c'est celui où, conformément aux articles 619 et suivants du Code d'instruction criminelle, modifiés par la loi du 3 juillet 1852, ils ont été réhabilités. La réhabilitation, en effet, fait cesser pour l'avenir, dans la personne du condamné, toutes les incapacités qui résultaient de la condamnation : telle est la disposition de l'article 634 du Code précité, disposition rendue commune aux notaires, greffiers et officiers ministériels destitués, par la loi du 19 mars 1864, qui les admet au bénéfice de la réhabilitation.

Un dernier mot pour clore ces observations générales. Lorsqu'un individu réunit les conditions de nationalité, d'âge et de domicile exigées par l'article 1er et par l'article 6, § 2 (Voir ci-après), il est apte à remplir les fonctions de juré, à moins que l'on n'établisse qu'il se trouve placé dans l'un des cas d'incapacité ou d'incompatibilité prononcés par les articles 2, 3 et 4 de la loi. On ne pourrait lui imposer l'obligation de justifier lui-même qu'il n'y est pas compris. Outre que ce serait mettre à sa charge une preuve négative, un citoyen ne saurait être astreint à établir qu'il ne se trouve point en état d'indignité. Ces principes, dont on ne peut méconnaître l'exactitude, ont été très-nettement consacrés, en matière électorale, par un arrêt de la Cour de cassation du 27 mars 1861 dont la doctrine reçoit nécessairement application en matière de jury.

§ Ier. *Condamnations à des peines afflictives et infamantes ou seulement infamantes.*

Ces condamnations, qui ne peuvent être prononcées que pour crimes, sont celles-ci (*peines afflictives et infamantes*) : les travaux forcés à perpétuité, la déportation simple ou dans une enceinte fortifiée, les travaux forcés à temps, la détention et la réclusion. — Code pénal, article 6 ; — (*Peines infamantes*), le bannissement et la dégradation civique ; — Code pénal, article 8. — Elles emportent privation des droits civils et politiques ; et lorsqu'il s'agit d'une peine afflictive perpétuelle, de celle des travaux forcés à temps, de la détention ou de la réclusion, le condamné est, de plus, pendant la durée de la peine, en état légal d'interdiction. — Code pénal, articles 28, 29 et 34.

§ 2. *Condamnations à des peines correctionnelles pour crimes.*

Ces condamnations, bien que le fait qui les a motivées ait le caractère d'un crime, sont prononcées (par la Cour d'assises, nécessairement) en vertu des paragraphes 5, 6 et 7 de l'article 463 du Code pénal qui l'autorise, lorsque le jury reconnaît en faveur de l'accusé l'existence de circonstances atténuantes, à appliquer seulement la peine correctionnelle de la prison pour une durée qui, dans aucun cas, ne peut être moindre d'un an.

Mais il faut bien prendre garde qu'il ne suffirait pas que les condamnations dont il s'agit eussent été prononcées par la Cour d'assises. il faut qu'elles l'aient été pour crime. La disposition que nous expliquons en ce moment, comme toute autre loi pénale, est expressément limitative, et ne pourrait être appliquée à des délits quelque graves qu'ils fussent.

Toutefois, la condamnation, dans ce cas, n'en aurait pas moins l'effet d'entraîner l'incapacité si, à raison, soit de l'étendue de la peine appliquée, soit de la nature de l'infraction, elle rentrait dans l'une des autres catégories du présent article que nous allons ci-après expliquer.

§ 3. *Condamnations des militaires au boulet ou aux travaux publics.*

Ces condamnations sont prononcées par application du Code de justice militaire.

§ 4. *Condamnations à un emprisonnement de trois mois au moins.*

A l'égard de cette catégorie de condamnés, l'incapacité est encourue, quelle que soit la nature du délit qui a été commis, dès l'instant que la peine d'emprisonnement a été appliquée pour une durée qui n'est pas inférieure à trois mois. Telle était déjà la disposition du paragraphe 4 de l'article 2 de la loi du 4 juin 1853.

Lors de la discussion du second paragraphe du présent article, M. Bérenger (de la Drôme) avait proposé, de concert avec MM. Merveilleux-Duvignaux et Paris, un amendement ayant en réalité pour objet, non-seulement de donner de l'extension à ce paragraphe, mais aussi et surtout de modifier les dispositions générales du quatrième et du onzième paragraphes que nous examinerons plus loin, en ce qu'il tendait à frapper d'une incapacité perpétuelle, non pas seulement les condamnés à trois mois d'emprisonnement au moins, comme le porte la première de ces deux dispositions, mais tous ceux contre lesquels cette peine a été prononcée correctionnellement pour quelque durée que ce soit.

La pensée de l'amendement était que l'homme, étant flétri par une telle condamnation et par le contact de la prison, même alors qu'il n'y fait pas un séjour prolongé, se trouve dans l'impossibilité d'appliquer les lois que lui-même a violées, et qu'il ne peut reconquérir la capacité qu'il a perdue qu'au moyen de la réhabilitation.

En soutenant l'amendement, l'honorable M. Bérenger obéissait à un sentiment profondément honnête et auquel on ne peut refuser de rendre hommage, mais c'était aller trop loin évidemment ; aussi M. le Garde des sceaux, avec ce sens pratique, cette netteté et cette vigueur d'argumentation qui lui sont propres, n'a-t-il eu que quelques mots à dire pour faire comprendre à l'Assemblée que la disposition proposée était inadmissible : « A force de vouloir étendre les exclusions et trouver un plus grand nombre d'incapacités, a dit M. le Ministre, on arrivera à rendre la composition des listes très-difficile, sans aucun bénéfice, ni pour la considération des jurés ni pour la morale publique. Dans les dispositions de la commission ont été compris, à notre avis, ceux qui peuvent être considérés comme atteints dans leur honneur par les condamnations dont ils ont été l'objet. Mais, quant à l'amendement de M. Bérenger, il frapperait une foule de personnes qui, pour fautes de jeunesse, d'imprudence ou de vivacité, peuvent avoir été condamnées à des peines qui n'ont porté aucun atteinte à leur considération ni à leur honneur. »

En somme, l'amendement a été rejeté à une majorité considérable et l'Assemblée a voté la disposition du paragraphe 4, que nous examinons en ce moment, telle qu'elle était proposée par le Gouvernement et la Commission.

On a vu que cette disposition crée une exception en faveur des condamnés pour délits politiques et pour délits de presse. Le texte originaire, tel que l'avait présenté le Gouvernement, reproduisant, sous ce rapport, la disposition finale de l'article 3 du décret de 7 août 1848, n'admettait l'incapacité en matière de délits de presse et de délits politiques qu'autant qu'elle aurait été prononcée par le jugement de condamnation.

Mais ce texte n'a pas prévalu. Notre article, ainsi rédigé par la Commission, entend que le condamné à trois mois d'emprisonnement au moins, pour un ou plusieurs des délits dont il s'agit, doit être, par cela seul et sans qu'il soit besoin que la justice l'ait prononcée, frappé d'incapacité; mais, ne voulant pas que cette incapacité soit perpétuelle, le législateur en a limité la durée à cinq ans. Croyant utile de faire une distinction entre ces infractions toutes spéciales et les délits de droit commun, il a pensé que l'individu qui a subi une condamnation à l'emprisonnement pendant trois mois au moins, même pour une de ces infractions, ne doit pas être admis à siéger parmi des juges; mais, d'un autre côté, il n'a pas voulu faire peser sur toute une vie, qui peut être d'ailleurs parfaitement honorable, les conséquences d'une ardeur de jeunesse que, dans son principe, il peut être permis d'excuser.

§ 5. *Condamnations pour délits divers y mentionnés.*

Avant de parcourir la série des délits divers et nombreux compris en ce paragraphe, il convient de faire remarquer tout d'abord que la loi distingue à leur égard et les divise elle-même en deux catégories.

Relativement aux uns, le législateur attache l'incapacité d'être juré exclusivement à la nature de l'infraction qui a été commise, nous l'avons dit déjà, quelque légère qu'ait été d'ailleurs la peine qui l'a réprimée, cette peine consistât-elle en une simple amende sans emprisonnement. Cette disposition de la loi nouvelle est la conséquence d'un amendement présenté au cours de la discussion par M. Francisque Rive, et qui a été admis par la Commission. Suivant le projet primitif qui, du reste, reproduisait, sous ce rapport, la disposition du paragraphe 5 de l'article 2 de la loi de 1853, les auteurs des délits dont il s'agit ici n'encouraient l'exclusion des listes qu'autant que la peine de l'emprisonnement leur avait été appliquée.

Quant aux individus condamnés à raison des autres délits compris dans la seconde catégorie, pour qu'ils soient frappés d'incapacité, la loi exige que la peine de la prison leur ait été infligée. Dans ce cas, l'incapacité est basée tout à la fois sur la nature du délit qui a été commis et sur le caractère de la répression : la loi, répétons-le, exige l'emprisonnement, quelle que soit d'ailleurs la durée de cette peine.

Ainsi donc est frappé de cette incapacité tout individu qui s'est rendu coupable de l'un de ces délits, encore qu'il ne lui ait été infligé qu'un seul jour de prison. C'est ce qui ressort d'un arrêt de la Cour de cassation du 13 novembre 1850 (*J. du Palais*, 1850, p. 841), intervenu en matière électorale, et par application de l'article 8 de la loi du 31 mai 1850 qui contenait une disposition identique. D'un autre côté, une simple condamnation à l'amende pour un des délits de cette seconde catégorie n'aurait pas, comme pour un de ceux de la première, l'effet d'entraîner l'incapacité. C'est ce qu'a jugé la Cour suprême, par application dudit article 8, suivant deux arrêts des 18 mars 1863 (*J. du Palais*, 1863, p. 1182) et 21 avril 1868 (*J. du Palais*, 1868, p. 1101).

PREMIÈRE CATÉGORIE.

DES DÉLITS A L'ÉGARD DESQUELS L'INCAPACITÉ RÉSULTE DE LA CONDAMNATION, SOIT A L'EMPRISONNEMENT, SOIT A UNE SIMPLE AMENDE.

PREMIÈREMENT. — Vols, escroquerie, abus de confiance.

Les vols sont définis, caractérisés et punis par les articles 379 et suivants du Code pénal. Il ne s'agit ici, bien entendu, que de ceux qui, constitutifs de simples délits, n'entraînent l'application d'aucune peine criminelle.

On sait que le fait de maraudage, qui nécessairement a le caractère d'un délit et devient punissable comme tel, quand il est accompagné de l'une des circonstances mentionnées en l'article 388 du Code pénal, constitue un véritable vol et qu'il conserve ce caractère même alors que, simple contravention, l'article 475, n° 15 de ce Code, ne le réprime que de peines de police; car il s'agit toujours d'une soustraction frauduleuse de récoltes appartenant à autrui. — V. Cassation, 19 février 1813, et 9 janvier 1862 (*J. du Palais*, 1863, p. 224). Or, aux termes de l'article 478, la peine de l'emprisonnement pendant cinq jours au plus doit même nécessairement être prononcée contre les contrevenants qui sont en état de récidive. Faut-il en conclure que les individus auxquels il a été fait application de cet article soient frappés d'incapacité par le motif que le fait qu'ils ont commis réunit les caractères d'un véritable vol? Nous n'hésitons pas à répondre négativement : il est manifeste que le législateur n'a entendu frapper d'incapacité les *condamnés pour vol* qu'autant que ce vol constitue *un délit*. Telle est aussi l'opinion qu'enseigne M. Bost dans *Le Correspond. des just. de paix*. 1863, p. 185, opinion émise à une époque où il était indispensable que la peine de la prison eût été prononcée, mais qui conserve toute sa raison d'être et toute son applicabilité depuis la loi actuelle, bien que cette loi exige seulement que l'auteur de l'infraction ait été frappé d'une simple amende. Il faut aujourd'hui, comme il fallait alors, que cette infraction ait le caractère d'un délit.

L'individu condamné à l'emprisonnement, par application des articles 400 et 401 du Code pénal, pour détournement d'objets saisis sur lui-même et confiés à la garde d'un tiers, doit, suivant arrêt de la Cour de cassation du 26 février 1851, être réputé condamné pour vol. Dès lors, cet individu a encouru l'incapacité prévue par le présent paragraphe de l'article 2.

Le délit d'escroquerie trouve sa répression dans l'article 405 du Code pénal ; ceux d'abus de confiance sont prévus par les articles 406, 407, 408 et 409 du même Code. Un arrêt de la Cour suprême, du 5 avril 1859 (*J. du Palais*, 1869, p. 66), intervenu en matière électorale, a décidé que l'exclusion des listes, pour abus de confiance, est encourue par celui contre lequel a été prononcée la peine d'emprisonnement pour complicité par recélé du même délit. Or, il est évident que cette solution, dont on ne saurait contester l'exactitude, est applicable dans la matière qui nous occupe : une telle condamnation entraîne donc aussi à l'égard du complice l'incapacité d'être juré. Ajoutons que, pour qu'il en soit ainsi, il n'est plus besoin que le tribunal ait appliqué la peine de la prison, la loi nouvelle, comme on vient de le voir, exigeant une simple condamnation à l'amende seulement.

Deuxièmement. — Soustractions commises par des dépositaires publics.

Les faits dont il s'agit ici constituent tantôt des crimes, tantôt de simples délits.

Dans le premier cas, ils sont prévus par les articles 169, 170 et 173 du Code pénal, et les condamnations auxquelles ils donnent lieu rentrent dans la catégorie de celles auxquelles s'appliquent, soit le paragraphe premier de notre article si une peine criminelle a été appliquée, soit le second paragraphe si, à raison de circonstances atténuantes, il n'a été prononcé que des peines correctionnelles.

Dans le second cas, celui où le fait ne constitue qu'un délit, ce fait trouve sa répression dans l'article 171, et c'est évidemment le seul auquel s'applique la disposition dont nous nous occupons en ce moment.

Troisièmement. — Attentats aux mœurs.

Ces attentats sont, comme le texte l'indique, ceux que prévoient et répriment les articles 330 et 334 du

Code pénal, c'est-à-dire le fait d'outrage public à la pudeur, et celui d'excitation à la débauche ou à la corruption de la jeunesse. Dès lors, tout autre délit d'attentat aux mœurs, s'il ne rentre d'ailleurs dans aucune autre disposition de notre article (Voir ci-après, n° 7 du présent paragraphe), n'entraînerait l'incapacité qu'autant que son auteur aurait été condamné à un emprisonnement de trois mois au moins (Voir ci-dessus, paragraphe 4). C'est ainsi que, par application de l'article 15 du décret du 2 février 1852, et par arrêt du 26 mars 1862, la Cour de cassation a décidé que la condamnation à la peine d'emprisonnement pour délit d'adultère (Code pénal, articles 336 à 339), n'emporte pas exclusion des listes électorales.

Quatrièmement. — Délit d'usure.

Ce délit n'existe qu'autant qu'il y a *habitude d'usure*, c'est-à-dire de prêter de l'argent moyennant un intérêt excédant le taux légal.

Originairement prévu et puni par l'article 4 de la loi du 3 septembre 1807, qui n'édictait que des amendes proportionnelles aux capitaux usurairement prêtés, le délit dont il s'agit est aujourd'hui réprimé par les articles 2, 3 et 5 de la loi du 19 décembre 1850 qui prononce, en outre, la peine d'emprisonnement de six jours à six mois, laquelle doit obligatoirement atteindre ce maximum et être portée jusqu'au double dans le cas de récidive.

L'article 2, § 6 de la loi du 4 juin 1853, et même l'article 3, § 5 du décret du 7 août 1848, frappaient aussi d'incapacité les condamnés pour délit d'usure, et cela, quelle que fût la pénalité prononcée contre eux, ne consistât-elle qu'en une simple amende. Par suite de l'adoption de l'amendement de M. Rivet, la loi nouvelle ne contient, sous ce dernier rapport, aucune innovation.

DEUXIÈME CATÉGORIE.

DES DÉLITS A L'ÉGARD DESQUELS L'INCAPACITÉ NE RÉSULTE QUE D'UNE CONDAMNATION A L'EMPRISONNEMENT.

Cinquièmement. — Outrage à la morale publique et religieuse. — Attaque contre le principe de la propriété et les droits de la famille.

Ces délits, qui déjà étaient indiqués dans le cinquième paragraphe de l'article 2 de la loi du 4 juin 1853, comme devant entraîner l'incapacité, sont prévus et réprimés par les articles 8 de la loi du 17 mai 1819, et 3 du décret du 11 août 1848. Ils entraînent l'application de la peine d'emprisonnement dont le minimum est fixé à un mois, et ne rentrent pas dans la catégorie de ceux à l'égard desquels la loi autorise l'admission de circonstances atténuantes. Les condamnés dont il s'agit ici sont donc toujours et nécessairement atteints d'incapacité.

SIXIÈMEMENT. — *Délits commis contre les mœurs.*

Cette cause d'incapacité est de droit nouveau. Le projet du Gouvernement contenait cette rédaction : « délits commis contre les mœurs par la publication, l'exposition et la mise en vente de dessins, gravures, lithographies, peintures et emblèmes ». La commission a substitué à ce texte la rédaction qui a prévalu et que l'Assemblée nationale a, ainsi qu'elle, et avec raison, considéré comme étant tout à la fois plus large et plus simple. Cette rédaction, on l'a vu, est celle-ci « délits commis contre les mœurs par l'un des moyens énoncés en l'article 1er de la loi du 17 mai 1819 ». Ces moyens sont les suivants : « discours, cris ou menaces proférés dans des lieux ou réunions publics, écrits, imprimés, dessins, gravures, peintures ou emblèmes vendus ou distribués dans des lieux ou réunions publics, placards et affiches exposés aux regards du public. »

SEPTIÈMEMENT. — *Vagabondage et mendicité.*

Les peines auxquelles peuvent être condamnés les mendiants et les vagabonds sont édictées par les articles 274, 275, 276, 278, 279 et 281 du Code pénal.

HUITIÈMEMENT. — *Infractions en matière de recrutement.*

Ces infractions, punissables autrefois par application des articles 38, 41, 43 et 45 de la loi du 21 mars

1832, sont réprimées aujourd'hui par les articles 60, 63 et 65 de la loi toute récente du 16 août 1872. Bien que la disposition que nous examinons en ce moment ne vise que ces derniers articles, il est presque superflu de dire ici que l'incapacité d'être juré doit découler aussi des condamnations qui ont été prononcées par application des articles sus-visés de la loi de 1832, puisque les délits sont absolument identiques; mais il eût été préférable, croyons-nous, que la loi disposât ainsi formellement. En matière d'incapacités, tout est de droit strict, et rien ne doit être laissé à l'arbitraire ni aux hasards de l'interprétation.

NEUVIÈMEMENT. — Infractions aux dispositions des articles 423 du Code pénal, 1er de la loi du 27 mars 1851, et 1er de celle du 5 mai 1855.

La première disposition de l'article 423 du Code pénal (la seconde est remplacée par l'article 1er de la loi du 27 mars 1851) prévoit et punit de peines correctionnelles le fait de tromperie de l'acheteur dans la vente des marchandises, soit sur leur nature, soit sur leur qualité.

Quant aux deux lois des 27 mars 1851 et 5 mai 1855 (article 1er), elles répriment les faits de falsification, soit de substances ou denrées alimentaires ou médicamenteuses, soit de boissons; de vente ou mise en vente de ces substances, denrées ou boissons falsifiées ou corrompues, et de tromperie ou tentative de tromperie sur la quantité des choses livrées, soit par l'usage de faux poids ou de fausses mesures, ou d'instruments de pesage ou mesurage inexacts, soit par des manœuvres ou procédés tendant à fausser cette opération ou à augmenter frauduleusement le poids ou le volume de la marchandise même avant l'opération, soit enfin par de frauduleuses indications tendant à faire croire à un pesage ou mesurage antérieur et exact.

De ce que la disposition que nous examinons en ce moment ne vise que l'article 1er de la loi de 1851, il n'en faut pas conclure que les condamnations prononcées par application de l'article 2 n'auraient pas pour conséquence d'entraîner l'incapacité. C'est par un *a fortiori*, au contraire, qu'il faut raisonner, car cet article 2, prévoyant le cas où les marchandises dénaturées ou falsifiées contiendraient des mixtions nuisibles à la santé, circonstance aggravante du fait prévu par l'article 1er. élève, à raison de cette circonstance, les pénalités qui doivent être prononcées contre les délinquants.

Mais l'incapacité d'être juré n'atteint pas ceux qui, par application de la loi précitée, sont condamnés seulement pour avoir été trouvés détenteurs (sans qu'ils en aient fait usage), soit de poids ou mesures faux, soit d'appareils de pesage ou mesurage inexacts, soit de substances ou denrées qu'ils savaient être falsifiées ou corrompues, car ce sont là des faits constitutifs de délits différents de ceux que notre disposition a visés.

5.

DIXIÈMEMENT. — Délits divers prévus par les articles 134, 142, 143, 174, 251, 305, 345, 362, 363, 364 § 3, 365, 366, 387, 389, 399 § 2, 400 § 2, et 418 du Code pénal.

Cette disposition, qui n'existait pas dans le projet primitif du Gouvernement, a été introduite par la Commission dans le paragraphe 5 dont il forme la partie finale.

Pour bien faire saisir le motif de cette addition, il est indispensable de rappeler ici qu'une loi du 13 mai 1863, modificative d'un grand nombre d'articles du Code pénal, obéissant au sentiment public qui se manifestait dans les verdicts du jury, et faisant application de ce qu'on a appelé le principe de la correctionnalisation, a fait sortir certains faits coupables de la catégorie des crimes pour les faire rentrer dans celle des délits. Opérant en cela un déclassement ou changement de qualification de ces faits, le législateur a substitué aux peines criminelles inférieures les peines correctionnelles les plus fortes, avec cette condition qu'une disposition spéciale assimile toujours la simple tentative au délit consommé.

Or, avant ces importantes modifications, les individus condamnés à raison des faits dont il s'agit, se trouvaient atteints d'incapacité par application du décret du 7 août 1848 (art. 3, § 5), et ensuite de la loi du 4 juin 1853 (art. 2, § 1 ou 2), selon qu'ils avaient été frappés de peines criminelles ou correctionnelles.

Aujourd'hui les condamnations à l'emprisonnement encourues pour ces nouveaux délits, auraient bien pour effet d'entraîner l'incapacité permanente si la durée de l'emprisonnement n'est pas inférieure à trois mois (V. ci-dessus, § 4), ou temporaire si elle est moindre (V. ci-après, § 11); mais le législateur a pensé, avec grande raison, qu'eu égard à la gravité des faits commis, puisque précédemment ils étaient constitutifs de crimes, les condamnations dont il s'agit doivent être assimilées à toutes celles dont s'occupe le paragraphe 5 de notre article, et entraîner l'incapacité permanente quelle que soit la durée de l'emprisonnement.

§ 6. *Individus en état d'accusation ou de contumace.*

Il est manifeste que les contumax et même ceux qui ne sont encore qu'en état de mise en accusation, ne peuvent être admis à siéger parmi des jurés. Cette exclusion; écrite dans le décret du 7 août 1848 (art. 3, § 4) et dans la loi du 4 juin 1853 (art. 2, § 7), l'était déjà dans les Constitutions de l'an III et de l'an VIII.

La mise en accusation et l'état de contumace ne peuvent résulter que d'un arrêt de la Cour d'appel (Chambre des mises en accusation), contenant renvoi de l'inculpé devant la Cour d'assises, à raison d'un fait qualifié crime par la loi.

§ 7. *Notaires, greffiers et officiers ministériels destitués.*

Relativement aux notaires, le texte de ce paragraphe

n'a pas besoin de commentaire : on sait quels officiers publics sont investis de cette fonction.

En ce qui concerne les greffiers, la disposition de la loi est générale; elle embrasse, sans exception, tous les fonctionnaires auxquels cette dénomination est applicable, c'est-à-dire les greffiers des cours, des tribunaux et des justices de paix. Nul doute qu'elle ne s'étende aussi à ceux des commis-greffiers qui sont susceptibles de révocation.

Que faut-il entendre par cette expression générique : *Officiers ministériels?* Ce sont les avoués près les Cours d'appel et les Tribunaux de première instance, les avocats au Conseil d'État et à la Cour de cassation qui, chargés de la procédure, y remplissent en quelque sorte les fonctions d'avoués; les huissiers et les commissaires-priseurs. Les agents de change et les courtiers de commerce sont aussi des officiers ministériels dans le sens de la disposition qui fait l'objet de notre examen.

L'article 15, § 8, du décret du 2 février 1852, frappe d'incapacité électorale les notaires, les greffiers et officiers ministériels destitués, mais seulement quand la destitution a eu lieu *en vertu d'un jugement ou d'une décision judiciaire*, et l'on a discuté beaucoup et longuement sur ce qu'on doit entendre par *décision judiciaire* dans le sens de cette disposition; mais aucune difficulté ne peut exister dans la matière qui nous occupe, puisque, pour exclure des listes du jury un officier ministériel destitué, la loi actuelle n'exige pas plus que ne l'exigeait l'article 2, § 8 de celle de 1853, que la destitution ait un caractère judiciaire, de telle sorte que l'incapacité d'être juré existe même alors qu'il s'agit d'une révocation prononcée par l'autorité supérieure en l'absence de toutes poursuites, et comme mesure purement administrative.

§ 8. *Faillis non réhabilités.*

L'incapacité dont il s'agit est rigoureusement restreinte aux faillis et ne saurait être étendue aux commerçants qui ont été déclarés en état de liquidation judiciaire.

Un arrêt de la Cour de Cassation du 12 novembre 1850 (*J. du Palais*, 1850, tom. II, page 513) a décidé, par application de la loi électorale qui prononce également l'exclusion des faillis non réhabilités, que l'incapacité existe bien que le jugement déclaratif de faillite soit frappé d'appel. C'est là une conséquence des dispositions de l'article 440 du Code de commerce portant que les jugements dont il s'agit sont exécutoires provisoirement. Cette solution est nécessairement applicable en matière de jury, car il y a identité de motif.

L'appel d'un jugement déclaratif de faillite n'est donc pas suspensif. Or, il faut en dire autant des jugements par défaut ; l'opposition ne saurait en arrêter l'effet ; mais il en serait autrement, bien entendu, si une décision intervenue sur l'opposition ou sur l'appel, relevant le commerçant de l'état de faillite, l'avait replacé à la tête de ses affaires.

Remarquons, en terminant, que l'obtention d'un

concordat par le failli, l'homologation de ce concordat, et même l'exécution pleine et entière des obligations qui y sont contenues, ne suffisent pas pour restituer au failli la capacité que le jugement déclaratif de faillite lui a fait perdre; la loi exige une réhabilitation, laquelle ne peut avoir lieu que conformément aux dispositions des articles 604 et suivants du Code de commerce. — Voir, dans ce sens, un arrêt de la Cour de cassation du 3 juillet 1862 (*Bulletin criminel*, pag. 275, nº 160).

§ 9. *Interdiction judiciaire des fonctions de juré.*

L'article 396 du Code d'instruction criminelle dispose qu'un juré qui, pour la troisième fois, sera condamné à l'amende pour ne s'être pas rendu à son poste sur la citation à lui notifiée devra, de plus, être déclaré incapable d'exercer à l'avenir les fonctions de juré.

Quant à l'article 42 du Code pénal, il autorise les tribunaux correctionnels à interdire aux condamnés pour certains délits, entre autres droits civils et civiques, celui d'être appelé aux fonctions de juré; les tribunaux ne peuvent prononcer cette interdiction que dans les cas où elle est autorisée ou ordonnée par une disposition particulière. Depuis la loi du 13 mai 1863, modificative du Code pénal, loi dont nous avons eu l'occasion de parler dans l'un des paragraphes qui précèdent, ces cas sont ceux prévus par les articles 109, 112, 113, 123, 142, 143, 155, 156, 157, 158, 160,

174, 228, 241, 251, 305, 309, 362, 363, 364, 366, 387 388, 389, 399, 400, 401, 405, 407, 408, 410 et 418 de ce Code.

L'interdiction dont il s'agit n'est que temporaire; sa durée varie toujours entre cinq et dix ans qui commencent à courir à compter de l'expiration de la peine. Or, il est à remarquer que le paragraphe objet de notre examen dispose que ceux auxquels les fonctions de juré ont été interdites en vertu de l'article 42 du Code pénal sont incapables d'être jurés, sans spécifier si l'incapacité est perpétuelle ou si sa durée est limitée au temps pour lequel elle a été prononcée. Or, il nous paraît hors de doute que c'est dans ce dernier sens que doit être interprétée la disposition dont il s'agit. Par ces expressions : « *Ceux auxquels les fonctions de juré ont été interdites* », la loi s'en réfère à la condamnation qui est intervenue; elle sous-entend, croyons-nous, que la privation du droit ne peut avoir une durée autre que celle déterminée par la justice elle-même, et ne doit subir aucune aggravation. Ajoutons, toutefois, que l'incapacité devient perpétuelle si les condamnés de cette catégorie se trouvent, soit à raison de la nature du délit qu'ils ont commis, soit à raison de la peine qui leur a été appliquée, dans l'un des autres cas d'incapacité mentionnés en l'article 2, le paragraphe 11 excepté.

§ 10. *Mandat d'arrêt ou de dépôt.*

L'incapacité dont il s'agit est nécessirement temporaire. Aussitôt que le mandat a été levé, le prévenu contre lequel il avait été décerné reconquiert l'aptitude que la délivrance de ce mandat lui avait enlevée. Ainsi, si la mise en liberté avait lieu entre la formation des listes préparatoires et celle de la liste définitive, la Commission d'arrondissement pourrait faire figurer sur cette liste l'individu dont il s'agit, bien qu'il n'ait pas été compris dans celle du canton ou du quartier (Voir ci-après, article 13).

De même l'individu inscrit sur la liste annuelle contre lequel est ultérieurement délivré un mandat d'arrêt ou de dépôt, redevient apte à figurer parmi les jurés après la mainlevée de ce mandat.

§ 11. *Condamnés à moins de trois mois d'emprisonnement.*

La disposition de ce paragraphe, qui établit une incapacité temporaire de cinq années, comprend les condamnés pour quelque délit que ce soit, dès l'instant qu'il leur a été fait application de la peine de l'emprisonnement.

Cette disposition est, en principe, un peu plus sévère que ne l'était celle du treizième paragraphe de l'article 2 de la loi du 4 juin 1853, qui restreignait l'incapacité de cinq ans au cas où le délit commis avait été réprimé par un emprisonnement d'un mois au moins. Il suffira désormais que cette peine ait été infligée, ne fût-ce que pendant un jour, pour que la condamnation ait pour conséquence d'entraîner l'incapacité.

En résumé, les dispositions des paragraphes 4 et 11 se combinent et se complètent l'une l'autre et ont cette signification à savoir que les condamnés à l'emprisonnement, quel que soit le délit commis, encourent l'incapacité perpétuelle si la durée de la peine est d'au moins trois mois, sauf l'exception relative aux délits de presse (§ 4), et l'incapacité temporaire de cinq ans si cette durée est inférieure à trois mois (§ 11).

Mais il ne faut pas perdre de vue qu'un individu n'est point frappé d'incapacité par cela seul qu'il a été condamné à l'emprisonnement. La loi dit, en effet : « *pour quelque délit que ce soit* ». Il faut donc et nécessairement que la condamnation ait été prononcée pour *délit*. Une contravention de police, qui généralement résulte de la seule matérialité de l'acte qui a été commis, abstraction faite de toute intention criminelle, ne suffirait pas pour entraîner l'incapacité, encore que la peine de la prison ait été infligée au prévenu, fût-ce pendant cinq jours qui est le maximum, et alors même que la condamnation aurait été prononcée par un tribunal correctionnel.

§ 12. *Interdits, aliénés, pourvus de conseil judiciaire.*

Les interdits dont il s'agit en ce paragraphe sont les individus qui, se trouvant dans un état habituel d'imbécillité, de démence ou de fureur, ont été l'objet de la mesure judiciaire autorisée par l'article 489 du

Code civil. Quant à ceux qui, aux termes de l'article 29 du Code pénal, sont frappés d'interdiction légale, ils rentrent dans la catégorie des condamnés à des peines criminelles dont s'occupe le paragraphe premier de l'article 2.

Le décret du 7 août 1848 (article 3, § 3) avait déjà frappé d'incapacité les interdits et les individus pourvus de conseil judiciaire. La loi du 4 juin 1853 (article 4) y avait ajouté ceux qui sont placés dans un établissement d'aliénés; seulement cette loi les classait, non pas au rang des *incapables* comme les interdits et les prodigues, mais, de même que les serviteurs à gages et les illettrés, parmi les personnes *qui ne peuvent* être jurés. En définitive, le résultat était le même; mais nous préférons de beaucoup la classification actuelle, car un aliéné ne manque pas seulement d'aptitude, il est atteint d'incapacité.

La loi, on l'a vu, ne désigne que les aliénés qui sont placés dans un *établissement public*. Malgré ces termes en apparence restrictifs, nous pensons que la disposition doit être étendue à l'aliéné qui a été admis dans un *établissement privé*. Dans tous les cas, cette circonstance étant connue, nul doute que les commissions s'abstiendraient infailliblement de le faire figurer sur les listes.

La mainlevée du conseil judiciaire ou de l'interdiction, et la sortie régulière d'un aliéné de l'établissement dans lequel il avait été placé, font nécessairement cesser tous les effets de ces mesures, et par suite l'incapacité de ceux qui en avaient été l'objet.

Article 3.

Les fonctions de jurés sont incompatibles avec celles de député, de ministre, membre du Conseil d'État, membre de la Cour des comptes, sous-secrétaire d'État ou secrétaire général d'un ministère, préfet et sous-préfet, secrétaire général de préfecture, conseiller de préfecture, membre de la Cour de cassation ou des Cours d'appel, juge titulaire ou suppléant des Tribunaux civils et des Tribunaux de commerce, officier du ministère public près les Tribunaux de première instance, juge de paix, commissaire de police, ministre d'un culte reconnu par l'État, militaire de l'armée de terre ou de mer en activité de service et pourvu d'emploi, fonctionnaire ou préposé du service actif des douanes, des contributions indirectes, des forêts de l'État et de l'administration des télégraphes, instituteur primaire communal.

COMMENTAIRE.

L'article 4 du décret du 7 août 1848 déclarait incompatibles les fonctions de juré avec celles de représentant du peuple ; mais la fonction de député ne figurait pas dans l'article 3 de la loi du 4 juin 1853 au nombre de celles à raison desquelles cet article proclamait l'incompatibilité ; seulement l'article 16 autorisait les membres du Corps législatif à se faire excuser pendant la durée des sessions.

La loi actuelle revient, quant aux députés, à la règle de l'incompatibilité absolue qu'avait établie le décret de 1848.

Les membres de la Cour des comptes ne figuraient

ni dans ce décret ni dans la loi de 1853 ; et malgré des réclamations réitérées et incessantes, la Cour de cassation avait toujours refusé de les comprendre dans l'expression générale de *Juge* que renfermaient l'article 3 de la loi de 1853 et l'article 4 du décret de 1848 qui l'avait lui-même empruntée à l'article 383 du Code d'instruction criminelle, et, par conséquent, de leur déclarer applicable l'incompatibilité dont il s'agit. Voir arrêts des 10 février 1831 (*J. du Palais*, 1831, t. Ier p. 112), 21 avril et 23 juillet 1843 (*J. du Palais*, 1843, p. 714), 4 novembre 1870 (*J. du Palais*, 1870, p. 1050).

Cette expression générique de *Juge* comprenait évidemment les présidents et conseillers de la Cour de cassation et des Cours d'appel, les présidents et juges des Tribunaux civils de première instance et des Tribunaux de commerce, et enfin les juges de paix ; mais les Cours d'assises et la Cour de cassation elle-même décidaient invariablement qu'il en était autrement des juges suppléants des Tribunaux civils et de commerce, et des suppléants des juges de paix, attendu que ces fonctions sont purement accidentelles et temporaires. Voir notamment arrêts de la Cour de cassation des 14 septembre et 15 novembre 1837 (*J. du Palais*, 1838, t. Ier, p. 291, et 1840, t. Ier, p. 13), et 1er octobre 1846 (1847, t. Ier, p. 25). Voir aussi arrêts de la Cour d'assises de la Seine des 29 juin 1854 et 1er août 1857.

Le nouveau texte étend l'incompatibilité aux juges suppléants des Tribunaux civils et de commerce ; mais les suppléants des justices de paix continuent d'être aptes à remplir les fonctions de juré.

Toutes les autres fonctions énoncées dans notre article l'étaient déjà dans l'article 4 du décret du 7 août 1848, et dans l'article 3 de la loi du 4 juin 1853, à l'exception de celle de secrétaire général de préfecture qui y a été ajoutée par l'Assemblée nationale lors de la discussion de l'article 3. à la demande du rapporteur.

Il importe de ne point oublier que, comme les incapacités, les incompatibilités sont de droit étroit ; que, dès lors, elles ne peuvent être étendues aux fonctionnaires autres que ceux expressément désignés par la loi. Ainsi, l'incompatibilité ne saurait être invoquée par les membres des conseils de prud'hommes que, toutefois, l'on excuse généralement à Paris, à raison de la multiplicité de leurs occupations (Voir Cour d'assises de la Seine, 1er mai 1854 et 1er août 1856), ni aux maires ni aux adjoints. Il en est de même des membres des Conseils généraux et des Conseils d'arrondissement.

Il a toujours été reconnu, sous l'empire des anciens textes, que les magistrats honoraires des Cours et tribunaux peuvent être jurés. Or, nous ne pensons pas que cette désignation nouvelle : « *Membres des Cours d'appel* » comprenne, malgré l'apparente généralité de ses termes, et malgré les prérogatives qui leur sont accordées, les membres honoraires de ces Cours, conseillers ou présidents. En ce qui concerne les tribunaux civils, le texte est formel et ne permettrait pas la même extension.

Quant aux greffiers de toutes les juridictions, ils ne peuvent assurément se prévaloir de l'incompatibilité, et on ne saurait, non plus, l'invoquer contre eux. L'application de cette règle résulte d'un arrêt de la Cour de cassation du 28 février 1839 (*J. du Palais*, 1839, t. II, p. 239), portant qu'il n'y a point incompatibilité entre les fonctions de juré et celle de greffier du tribunal de la ville où siége la Cour d'assises, dès l'instant qu'il est remplacé dans la composition de cette Cour par un de ses commis assermentés.

La disposition qui déclare les fonctions de juré incompatibles avec celle de fonctionnaire ou préposé du service actif des contributions indirectes n'est point applicable aux receveurs principaux de cette administration ; il résulte des lois et règlements de la matière que ces préposés appartiennent au service sédentaire. Ainsi jugé par arrêt de la Cour de cassation du 27 septembre 1860 (*Bulletin criminel*, p. 384, n° 220).

ARTICLE 4.

Ne peuvent être jurés, les domestiques et serviteurs à gages, ceux qui ne savent pas lire et écrire en français.

COMMENTAIRE.

Les domestiques et serviteurs, exclus des listes du jury par l'article 3 du décret du 7 août 1848 et par l'article 4 de la loi du 4 juin 1853, l'avaient été déjà par les Constitutions de 1791, de l'an III et de l'an VIII. Le juré doit avoir une indépendance entière et être à l'abri de toute espèce d'influences. Or, les serviteurs à gages sont-ils dans ces conditions? Non, évidemment : ils ne pourraient, par exemple, siéger librement à côté de leurs maîtres dans la même affaire. Ils ne devaient donc pas être jurés.

L'obligation de savoir lire et écrire avait été imposée déjà aussi par le décret de 1848 et la loi de 1853 (mêmes articles). Les jurés prononcent d'après les impressions qu'ils reçoivent ; et, pour asseoir leur conviction, il est besoin qu'ils prennent connaissance des pièces qui leur sont communiquées ; pour reconnaitre un coupable, ils n'ont souvent d'autres indications que des traces fugitives, de vagues indices, des conjectures plus ou moins vraisemblables qu'il faut recueillir et grouper avec soin. Comment donc, dans ces divers cas, celui qui ne sait pas lire et écrire ou qui ne le peut dans la langue française, serait-il apte à remplir sa mission ?

Il résulte de deux arrêts de la Cour d'assises de la Seine, des 18 avril 1854 et 3 janvier 1856, que, si la loi n'exige des jurés que le premier degré d'instruction, la lecture et l'écriture, du moins faut-il que ce premier degré soit complétement acquis ; qu'ainsi l'individu qui ne sait que signer son nom et celui qui ne peut lire que des caractères imprimés ne le possèdent pas, et ne sont point aptes à être jurés.

Article 5.

Sont dispensés des fonctions de jurés :

1° Les septuagénaires ; 2° ceux qui ont besoin pour vivre de leur travail manuel et journalier ; 3° ceux qui ont rempli lesdites fonctions pendant l'année courante ou l'année précédente.

COMMENTAIRE.

Aux termes du Code des délits et des peines du 3 brumaire an IV (art. 484) et du Code d'instruction criminelle (art 383), il était permis aux septuagénaires de se dispenser du service du jury. L'article 5 du décret du 7 août 1848 les avait autorisés à demander de n'être point portés sur les listes, et avait accordé le même droit aux ouvriers peu aisés.

La loi du 4 juin 1853 (art. 5) est allée plus loin en édictant elle-même la dispense pour ces deux catégories d'individus, et la loi nouvelle reproduit cette disposition, comme on l'a vu, dans son article 5, et accorde le même bénéfice à ceux qui ont rempli les fonctions de juré *pendant l'année courante ou l'année précédente*, lesquels, d'après l'article 16 de la loi de

1853, étaient seulement admissibles à se faire excuser sur leur demande. On a donc fait, à leur égard, une dispense de ce qui n'était auparavant qu'un cas d'excusabilité.

Ainsi, aujourd'hui, les commissions dont nous aurons à parler tout à l'heure ne doivent porter sur les listes qu'elles sont appelées à dresser, ni les septuagénaires, ni les ouvriers peu aisés, ni les individus qui ont siégé. En ce qui concerne ces derniers, et comme le dit, avec beaucoup de raison, le rapport de la commission, à quoi bon porter sur la liste annuelle les noms d'hommes qui seront nécessairement excusés? Ce serait faire incomplète une liste qui doit être restreinte à un nombre de noms déterminé.

M. Berthauld, député du Calvados, comme disposition additionnelle à l'article 6, relatif au nombre des jurés que doit comprendre la liste annuelle de chaque département, et que nous allons prochainement examiner, avait fait une proposition tendant à ce que nul ne pût être porté sur cette liste deux ans de suite. C'était, en opérant pour deux années, vouloir, en réalité, que chaque département fournit un nombre de jurés double de celui que demandait le projet pour une seule de ces deux années.

Une telle disposition, si elle avait été admise, eût vraisemblablement fait disparaître de l'article 5 le paragraphe dont nous nous occupons en ce moment, ou l'eût tout au moins profondément modifié; mais, dans un langage clair et concis, le rapporteur, M. Albert Desjardins, a fait comprendre à l'Assemblée leéritable inconvénient de la proposition Berthauld. « Il n'y a pas de charge pour ceux qui ne siégent pas, a dit M. le rapporteur, et il n'y a pas à craindre d'usurpation ou d'abus de pouvoir de la part de ceux que le sort n'a point appelés à rendre la justice. Il faut donc, a-t-il ajouté, repousser un amendement qui forcerait à retrancher, la seconde année, les meilleurs jurés, ceux dont serait composée la première liste, pour les remplacer par ceux qui, la première année, auraient été jugés moins aptes à remplir ces fonctions ». Cette argumentation était sans réplique, et l'Assemblée, à une imposante majorité, a fait justice de l'utopique proposition de M. Berthauld qui, dans cette circonstance, n'a pas été plus heureux que lors de la discussion générale, l'Assemblée ayant refusé d'admettre avec lui : « que la magistrature de profession ne peut être considérée comme l'organe de la conscience publique », et spécialement : « que les juges de paix étant à la discrétion des présidents des tribunaux civils, devaient être impitoyablement écartés des commissions ». Ajoutant, ledit M. Berthauld, que « présidents et juges de paix manquent essentiellement des connaissances nécessaires pour apprécier la valeur personnelle des hommes qui peuvent être appelés à être jurés ».

Le troisième paragraphe de l'article 5 a donc été voté dans les termes où il était proposé par le Gouvernement et la commission.

On a dû remarquer que nous avons souligné ces mots : *pendant l'année courante* ou *l'année précédente.*

La loi de 1853 portait : *pendant l'année courante* ET *l'année précédente*, ce qui était tout à la fois un manque d'exactitude et un défaut de clarté. Sous l'empire de cette loi, on aurait pu croire, au premier abord, que, pour que la dispense leur profitât, il fallait que ceux en faveur desquels elle était édictée eussent rempli les fonctions de juré, non-seulement pendant l'année courante, mais aussi pendant l'année précédente ; c'est-à-dire deux années de suite, puisque le texte, répétons-le, portait, non pas : *ou* mais *et*. Or, on doit féliciter le législateur de 1872 d'avoir évité toute amphibologie en mettant le nouveau texte en rapport avec la vérité des choses.

La dispense résulte, pour le juré qui a accompli un service antérieur, de ce qu'il a siégé dans le cours de l'une ou de l'autre des deux années. Comme l'a dit M. le Garde des Sceaux, dans sa circulaire du 26 août 1853, chaque citoyen ne peut être astreint à remplir les fonctions de juré que tous les trois ans ; c'était le texte de l'article 21 du décret du 7 août 1848.

TITRE II.

De la composition de la liste annuelle.

OBSERVATIONS GÉNÉRALES.

Pour la composition des listes du jury, le législateur de 1848 avait pris comme point de départ ce principe plus que contestable, à savoir : qu'être juré constitue un droit dont tout Français peut revendiquer l'exercice, dès l'instant qu'il réunit les conditions d'âge et de capacité civile et politique exigées par la loi.

En effet, suivant l'article 1er de ce décret, tous les Français âgés de trente ans, jouissant des droits civils et politiques et ne se trouvant dans aucun des cas d'incapacité ou de dispense prévus par les articles 2, 3 et 4, devaient être portés sur des listes générales établies dans les communes par les soins de l'autorité municipale, et c'était sur ces listes, réunies par canton, qu'une commission choisissait, d'une manière définitive, sans contrôle, révision ni recours, le nombre de jurés pour lequel devait contribuer le canton dans le contingent du département tout entier.

Or, il est manifeste qu'être juré n'est pas un droit; que, comme le proclame M. le Garde des Sceaux dans son exposé des motifs de la loi actuelle, « c'est l'exercice d'une haute et difficile fonction, et que la condition *sine qua non* pour en être investi est d'être réellement capable de la bien remplir; que la capacité, loin de se présumer, a besoin, au contraire, d'être reconnue ».

Répudiant donc ce faux principe du décret de 1848 qui devait produire et qui, dans certains départements, a produit, en effet, de déplorables conséquences, la loi nouvelle est revenue à cette règle si éminemment sage de la loi du 4 juin 1853, qui faisait dériver de l'âge de trente ans et de la jouissance des droits civils et politiques, non le droit d'être juré, mais une simple aptitude, et qui subordonnait ensuite l'inscription aux listes générales à la désignation faite par des commissions cantonales dont le travail préparatoire était ensuite soumis à la révision et au contrôle des commissions d'arrondissement chargées de procéder aux choix définitifs. C'est donc une modification profonde et considérable apportée au système qui servait de base au décret de 1848.

On verra tout à l'heure quelles autres modifications la loi actuelle apporte à ce décret et aux dispositions de la loi de 1853 elle-même, notamment en ce qui concerne la composition des commissions et le nombre des jurés qui doivent être inscrits sur les listes.

Art. 6.

La liste annuelle du jury comprend :

Pour le département de la Seine, trois mille jurés ; pour les autres départements, un juré par cinq cents habitants, sans toutefois que le nombre des jurés puisse être inférieur à quatre cents et supérieur à six cents.

La liste ne peut comprendre que des citoyens ayant leur domicile dans le département.

COMMENTAIRE.

En ce qui concerne le département de la Seine, la loi nouvelle est revenue au chiffre de 3,000 jurés déterminé comme maximum par l'article 6 du décret du 7 août 1848, et qu'avait réduit à 2,000 l'article 6 de la loi du 4 juin 1853.

Le Gouvernement et la commission ont été d'accord pour reconnaître que ce nombre de 3,000 jurés n'est point exagéré pour un département dont la population dépasse deux millions d'habitants, où l'instruction est très-répandue et où le service d'assises, en quelque sorte permanentes (1), exige annuellement un total de près de 900 jurés.

A l'égard des autres départements, le décret du 7 août 1848 avait fixé un maximum de 1,500 jurés qu'un certain nombre ne pouvait atteindre, la proportion étant d'un juré par 200 habitants.

La loi du 4 juin 1853 avait divisé les départements en trois catégories. — Population supérieure à 300 mille habitants : 500 jurés. — Population de 200 à 300 mille habitants : 400 jurés. — Population inférieure à 200 mille habitants : 300 jurés.

Le nombre des jurés fixé par le décret de 1848 se trouvait manifestement hors de proportion avec les besoins du service, et une telle exagération était, en outre, ce qui était plus grave, de nature à abaisser le niveau moyen intellectuel et moral du jury.

En portant ce nombre à un juré par 500 habitants

---

(1) A Paris, outre la session ordinaire des assises, il y a, par trimestre, cinq sessions extraordinaires (avec deux présidents), ce qui porte à vingt-quatre le nombre des sessions pour l'année tout entière.

avec fixation d'un maximum de 600 jurés et un minimum de 400, la loi nouvelle se rapproche notablement des chiffres qu'on obtenait sous l'empire de la loi de 1853 ; tout en satisfaisant, dans une juste mesure, aux besoins d'un service qui n'exige qu'un nombre de jurés inférieur à 150 par année, la disposition actuelle laisse une marge parfaitement suffisante aux chances du tirage au sort, et permet de répartir équitablement la charge entre ceux à qui incombe l'obligation de la supporter.

C'est donc avec grande raison que l'Assemblée nationale a refusé de s'associer à la pensée de l'honorable député, M. Roger Marvaise, qui, par un amendement à notre article, proposait de porter le nombre des jurés de la liste annuelle à 4,000 pour le département de la Seine, et pour les autres départements au maximum de 1,000, en maintenant le minimum au chiffre actuel de 400.

La disposition du troisième paragraphe de l'article 6 n'existait ni dans le décret de 1848 ni dans la loi de 1853. Toutefois, il était manifeste que la liste d'un département ne pouvait comprendre que des citoyens domiciliés dans ce département. Malgré l'absence d'un texte, nous ne pensons pas que cette règle ait jamais été enfreinte par les commissions de canton ou d'arrondissement qui, sur chacune des listes préparatoires ou définitives, avaient le soin de ne faire figurer que des personnes ayant leur domicile dans la circonscription.

Article 7.

Le nombre des jurés pour la liste annuelle est réparti, par arrondissement et par canton, proportionnellement au tableau officiel de la population. Cette répartition est faite par arrêté du préfet pris sur l'avis conforme de la commission départementale, et, pour le département de la Seine, sur l'avis conforme du bureau du conseil général, au mois de juillet de chaque année.

A Paris, la répartition est faite entre les arrondissements et les quartiers.

En adressant au juge de paix l'arrêté de répartition, le préfet lui fait connaître les noms des jurés du canton désignés par le sort pendant l'année courante et pendant l'année précédente.

COMMENTAIRE

Ces dispositions s'écartent de celles de l'article 7 de la loi du 4 juin 1853 : 1° en ce que l'arrêté préfectoral de répartition doit être pris, non plus en Conseil de préfecture, mais avec la participation du Conseil général ; 2° la répartition doit être faite au mois de juillet, tandis que précédemment elle avait lieu en octobre.

Ces deux modifications sont absolument sans importance.

Une troisième modification est relative à la répartition elle-même en ce qui concerne la ville de Paris. Cette répartition qui, d'après la loi précédente, avait lieu par arrondissement seulement, doit désormais être faite entre les arrondissements et les quartiers. C'est une conséquence du nouveau mode d'établissement des listes préparatoires créé par l'article 9 dont nous examinerons prochainement les dispositions.

Le mode de répartition du nombre des jurés pour la liste annuelle, basé sur le chiffre de la population, et que la loi nouvelle emprunte à celle de 1853, a été vivement critiqué. Ce mode, a-t-on dit, présente deux inconvénients : il gène la commission dans ses choix lorsqu'il s'agit de cantons où la population est tout à la fois nombreuse et illettrée, et il aggrave la charge du jury là où précisement elle est le plus onéreuse, c'est-à-dire dans les campagnes où l'instruction est moins répandue qu'ailleurs.

Mais ces inconvénients sont plus apparents que réels, si l'on remarque que, comme on le verra plus tard, l'article 13 accorde aux commissions d'arrondissement, non-seulement le droit d'élever ou d'abaisser pour chaque canton le contingent proportionnel fixé par le préfet (autorisation écrite déjà dans l'article 11 de la loi de 1853), mais encore celui de faire figurer sur la liste annuelle des noms de personnes non portées sur les listes préparatoires du canton, le tout jusqu'à concurrence d'un quart au maximum du nombre total des inscrits.

Le dernier paragraphe de l'article 7, qui prescrit au préfet de faire connaître au juge de paix les noms des jurés désignés par le sort pour l'année courante et l'année précédente, se combine avec la disposition finale de l'article 5 qui les dispense de service pendant deux ans. Les observations que nous avons faites en examinant cet article trouvent nécessairement ici leur application. Ajoutons seulement que ces expressions : « les noms des jurés *désignés par le sort* », manquent d'exactitude. Ce sont, non pas les individus que le sort a désignés pour remplir les fonctions de juré, mais seulement ceux qui les ont effectivement remplies que l'article 5 écarte de la liste pendant deux années. On peut donc y comprendre les citoyens qui, bien que désignés par le sort, n'ont point répondu à l'appel de leur nom, de même que ceux qui ont été excusés et, par suite, affranchis du service pour quelque cause que ce soit.

Il en résulte que les noms des jurés qui doivent être portés à la connaissance du juge de paix sont, non pas les noms des jurés désignés par le sort, mais les noms de ceux qui ont effectivement siégé dans le cours de l'une ou de l'autre des deux années dont il vient d'être parlé.

Art. 8.

Une commission composée, dans chaque canton, du juge de paix, président, des suppléants du juge de paix et des maires de toutes les communes du canton, dresse une liste préparatoire de la liste annuelle. Cette liste contient un nombre de noms double de celui fixé pour le contingent du canton.

Dans les cantons formés d'une seule commune, la

commission est composée, indépendamment du juge de paix et de ses suppléants, du maire de la commune et de deux conseillers désignés par le conseil municipal.

Dans les communes divisées en plusieurs cantons, il y a autant de commissions que de cantons. Chacune de ces commissions est composée, indépendamment du juge de paix et de ses suppléants, du maire de la ville ou d'un adjoint délégué par lui, de deux conseillers municipaux désignés par le conseil, et des maires des communes rurales comprises dans le canton.

ART. 9.

A Paris, les listes préparatoires sont dressées, pour chaque quartier, par une commission composée du juge de paix de l'arrondissement ou d'un suppléant du juge de paix, président, du maire de l'arrondissement ou d'un adjoint, du conseiller municipal nommé dans le quartier et, en outre, de quatre personnes désignées par ces trois premiers membres parmi les jurés qui ont été portés l'année précédente sur la liste de l'arrondissement et qui ont leur domicile dans le quartier.

COMMENTAIRE.

§ 1er. *Observations générales.*

Les dispositions des articles 8 et 9, qui se complètent l'une par l'autre, et que nous réunissons dans ce commentaire, afin d'en faciliter l'examen, apportent de profondes modifications à la législation antérieure.

Faisons d'abord cette remarque générale, à savoir que, sauf en ce qui concerne la ville de Paris, l'élément judiciaire qui, suivant le décret de 1848 (art. 11), de même que sous l'empire de la loi de 1853 (art. 8 et 9), n'était représenté au sein des commissions cantonales que par le juge de paix, se trouve désormais fortifié par l'adjonction des deux suppléants, ce qui compensera, dans une certaine mesure, ce que l'élément électif pouvait avoir de trop prédominant.

Aux termes du décret du 7 août 1848, les conseillers généraux étaient membres des commissions cantonales dont la présidence leur était confiée ; mais la loi du 4 juin 1853 les a écartés afin d'en éloigner l'élément politique. Malgré les réclamations qui se sont fait jour au sein de la commission, malgré les critiques qui se sont élevées devant l'Assemblée nationale, et les nombreuses propositions qui se sont traduites par divers amendements ayant pour objet, soit d'introduire dans la commission cantonale le conseiller général qui en aurait été le président (amendement Boyer), soit d'y admettre, outre le conseiller général, le conseiller d'arrondissement (amendement Lepère), soit de ne composer cette commission que des seuls maires des communes en y admettant le juge de paix comme simple assistant, sans lui accorder même voix consultative, ce qui était faire à ce magistrat une singulière situation (amendement Mazeau), le législateur de 1872, se fondant sur le même motif que celui de 1853, a adopté, sans y rien changer, le texte proposé par le Gouvernement, et maintenu aux juges de paix la présidence des commissions ; seulement, ainsi qu'on le verra plus loin, la loi nouvelle (art. 11) admet les conseillers généraux à participer au travail de la confection des listes comme membres des commissions d'arrondissement.

Notons ici que, bien que la disposition qui défère la présidence au juge de paix n'ait pas été reproduite dans les deuxième et troisième paragraphes de l'article 8, relatifs aux commissions des cantons formés d'une seule commune et de celles des communes divisées en plusieurs cantons, la présidence de ces commissions appartient à ce magistrat en vertu de la disposition générale du paragraphe premier.

§ 2. *Cantons composés de plusieurs communes.*

Dans ces cantons, la commission est composée du juge de paix qui, comme on l'a vu, en est le président, de ses deux suppléants, et des maires des communes dont est formé le canton, y compris nécessairement le maire du chef-lieu. Le texte de la loi est parfaitement clair et n'a besoin, en réalité, d'aucun commentaire explicatif : le canton ne comportât-il que deux communes, la commission ne devrait comprendre, outre le juge de paix et ses suppléants, que les maires de ces deux communes. Bornons-nous à ajouter que, si le juge de paix était absent ou empêché, la présidence de la commission appartiendrait à l'un des suppléants, au premier dans l'ordre des nominations, nécessairement.

§ 3. *Cantons formés d'une seule commune.*

Dans les cantons dont il s'agit ici, pour que la commission soit assez nombreuse et que l'élément judiciaire n'y ait pas une prédominance exagérée, il est adjoint au juge de paix, à ses suppléants et au maire, deux membres du conseil municipal désignés par ce conseil. La loi nouvelle s'écarte en cela du décret de 1848 et de la loi de 1853. Le décret voulait qu'outre le conseiller général et le juge de paix, la commission contînt cinq membres du conseil municipal; la loi de 1853 n'y introduisait, outre le juge de paix, que le maire et ses adjoints.

§ 4. *Communes divisées en plusieurs cantons.*

En ce qui concerne ces communes, le décret de 1848 et la loi de 1853, d'accord en cela, voulaient qu'il n'y eût qu'une seule commission ; la loi nouvelle exige qu'il y ait autant de commissions distinctes que de cantons : c'est une dérogation complète à l'état de choses précédent.

Ici encore les suppléants concourent, comme le juge de paix, à la composition de chaque commission cantonale qui, de plus, comprend, outre les maires des communes rurales dépendant du canton, le maire de la ville chef-lieu ou un adjoint par lui délégué; et, de même que dans le cas précédent, deux membres du conseil municipal désignés par ce conseil.

§ 5. *Ville de Paris.*

L'article 9, qui est spécialement relatif à la ville de Paris, s'écarte tout à la fois du système du décret de 1848 et de celui qu'avait adopté la loi du 4 juin 1853, décret et loi dont les dispositions qui, bien que différant profondément entre elles dans la désignation des membres composant les commissions, avaient néanmoins pour point de départ un principe qui leur était commun, l'établissement d'une seule commission par arrondissement.

Aux termes du décret de 1848 (art. 14), chaque commission était composée de trois membres du conseil municipal désignés par ce conseil, du maire et des adjoints, et enfin du juge de paix. La présidence appartenait au conseiller municipal le plus âgé.

Sous la législation de 1853, la composition de la commission était des plus simples. Cette commission comprenait le juge de paix qui en était le président, le maire et les adjoints de l'arrondissement.

M. Brisson, député de la Seine, qui déjà, lors de la discussion générale, avait très-vivement combattu le projet de loi, a fait une nouvelle tentative à propos de l'article 9. Cet honorable représentant, désireux, paraît-il, de placer la ville de Paris en dehors du droit commun, tout en adoptant la composition de la commission telle qu'elle était organisée, à part toutefois les deux suppléants du juge de paix qu'il en voulait exclure, cet honorable représentant, disons-nous, proposait de supprimer les commissions de quartier, de n'établir qu'une seule commission, celle de l'arrondissement, et de l'investir du pouvoir de dresser *de plano*, et sans contrôle ni révision, la liste annuelle des jurés, ainsi que cela se pratiquait, on se le rappelle, sous l'empire du décret du 7 août 1848. Mais cette proposition de M. Brisson a eu le même sort que ses critiques précédentes. M. le Rapporteur a pu sans difficulté démontrer le vice, disons-mieux, l'inanité d'un système qui n'avait pas de base sérieuse : « Nous avons trouvé bon en lui-même le principe d'une double commission, et nous avons pensé que, s'il produisait d'excellents résultats dans les départements, il n'en pourrait produire de mauvais à Paris ». Et l'article 9 a été voté sans modification.

Désormais donc, il y aura autant de commissions que de quartiers. On sait que chacun des arrondissements de la ville de Paris est divisé en quatre quartiers parfaitement délimités et correspondant aux circonscriptions des commissariats de police; il y aura donc quatre commissions par arrondissement, c'est-à-dire quatre-vingts au total, et chacune de ces commissions est ainsi composée : le juge de paix de l'arrondissement, qui en a la présidence, ou, à son défaut, l'un de ses suppléants ; le maire de l'arrondissement, ou, à son défaut, un adjoint qu'il doit expressément déléguer (Voir ci-après l'article 12); le conseiller municipal nommé dans le quartier ; enfin quatre personnes désignées par les trois premiers membres ci-dessus parmi les jurés portés l'année précédente sur la liste de l'arrondissement, et ayant leur domicile dans le quartier.

C'est là, on le voit, un système entièrement nouveau. Les commissions de quartier de la ville de Paris sont, pour ainsi parler, l'analogue des commissions cantonales de la banlieue et des départements, avec cette différence qu'à Paris il n'y a qu'un seul juge de paix pour les présider toutes, et que les suppléants ne sont point appelés à en faire partie.

Les commissions sont tenues de se réunir dans la première quinzaine du mois d'août : c'est la première disposition de l'article 10 dont nous allons prochainement rapporter le texte. Il convient donc que le juge de paix, le maire et le conseiller municipal aient une réunion préalable dans la première quinzaine de juillet ou, au plus tard, dans les premiers jours du mois d'août, afin de désigner les quatre personnes qui doivent concourir à la composition de chacune des quatre commissions de quartier. La convocation doit nécessairement être faite par le président des commissions, c'est-à-dire par le juge de paix.

Ajoutons, pour terminer sur ce point, que les quatre personnes dont il s'agit ne doivent pas nécessairement avoir rempli les fonctions de juré : la loi se borne à exiger qu'elles aient figuré sur la liste définitive de l'arrondissement. Elles peuvent donc être choisies indifféremment, soit parmi les citoyens qui ont ou n'ont point siégé, soit même parmi ceux qui n'ont pas été désignés par le sort pour être compris sur les listes de session.

§ 6. *Nombre des Jurés des listes préparatoires.*

Suivant l'article 8 de la loi du 4 juin 1853, les listes préparatoires devaient contenir un nombre de noms triple de celui fixé pour le contingent par l'arrêté de répartition. Désormais, ce nombre doit être porté seulement au double. Les commissions d'arrondissement, dont nous parlerons bientôt en examinant l'article 11, auront, pour fixer leur choix définitif, une marge moins grande, sans doute, mais pourtant suffisante, si l'on songe surtout qu'elles sont autorisées par l'article 13 (Voir ci-après.) à faire figurer sur leurs listes, jusqu'à concurrence d'un quart au maximum du nombre total, les noms de personnes qui n'ont point été portées sur les listes préparatoires.

Article 10.

Les commissions chargées de dresser les listes préparatoires se réunissent dans la première quinzaine du mois d'août, au chef-lieu de leur circonscription, sur la convocation spéciale du juge de paix, délivrée dans la forme administrative.

Les listes sont dressées en deux originaux, dont l'un reste déposé au greffe de la justice de paix et l'autre est transmis au greffe du tribunal civil de l'arrondissement.

Dans le département de la Seine, le second original des listes dressées par les commissions de canton ou de quartier, est envoyé au greffe du tribunal de la Seine.

Le public est admis à prendre connaissance des listes préparatoires pendant les quinze jours qui suivent le dépôt de ces listes au greffe de la justice de paix.

COMMENTAIRE.

L'article 10 de la loi du 4 juin 1853 disposait aussi que les commissions se réuniraient au chef-lieu de leur circonscription, sur la convocation spéciale du juge de paix.

Dans les départements et dans la banlieue de Paris, il est hors de doute que c'est au chef-lieu de canton que la commission doit s'assembler. A Paris, il ne nous paraît pas rigoureusement nécessaire que chaque commission se réunisse dans le quartier auquel elle appartient : aucun inconvénient, aucune irrégularité, ne sauraient résulter de ce que le même local servirait pour toutes, et à ce qu'il fût procédé, soit dans une des salles de la mairie, soit dans la salle d'audience ou dans le cabinet particulier du juge de paix.

Les commissions sont nécessairement investies d'un pouvoir discrétionnaire pour faire la désignation des jurés; la loi a confié cette grave et importante opération à leurs lumières, à leur indépendance, à leur amour pour une impartiale et bonne justice.

Rappelons à cet égard ces paroles énergiques et si profondément vraies qu'a prononcées M. le Garde des Sceaux, lors de la discussion générale, dans la séance du 15 novembre : « Que devons-nous choisir? Des personnes qui, étant appelées à remplir les solennelles fonctions de juge, devenant les arbitres de l'honneur, de la vie, de la liberté de leurs concitoyens, doivent nous donner des garanties de trois choses, selon moi :

une *existence considérée et respectable*, ce qui se trouve dans toutes les conditions ; une *capacité suffisante* et une *indépendance absolue*. Je le repète, trois conditions : existence respectable, capacité suffisante, indépendance absolue ».

Peut-être n'est-il pas inutile d'ajouter ici que les règles qui doivent dominer le travail des commissions sont résumées dans les instructions de M. le Garde des Sceaux, des 10 septembre 1848, 26 août 1853, et 6 septembre 1856. « Être juré, y est-il dit, c'est être appelé à juger, c'est-à-dire à participer à l'une des opérations les plus difficiles de l'intelligence humaine. Tout juré, on le comprend, doit donc pouvoir juger, être apte à remplir ce devoir. Or, il n'y sera apte qu'autant qu'il y aura en lui deux conditions essentielles, et qui doivent être préalablement reconnues, à savoir : capacité intellectuelle, capacité morale.

» *Capacité intellectuelle ;* car l'appréciation des diverses circonstances et des caractères d'un fait criminel, le discernement de la vérité au milieu des nuages qui peuvent l'obscurcir, enfin la déclaration des divers degrés de la criminalité des auteurs d'un fait, sont des opérations de l'esprit qui supposent une intelligence plus ou moins exercée, une instruction plus ou moins cultivée.

« *Capacité morale ;* car il ne suffit pas que le juré discerne et saisisse la vérité si, par faiblesse ou connivence, il la voile ou la déguise dans son verdict ; il faut qu'aucun doute ne plane sur sa probité et sur son indépendance, sur la sûreté de son jugement et la fermeté de son caractère.

» Ce sont ces idées dont les commissions doivent être bien pénétrées au moment où elles procèdent à la formation des listes annuelles. A ces seules conditions, en effet, le jury sera pour tous une garantie. »

L'article 11 dont nous allons rapporter le texte, et qui est relatif à l'établissement des listes définitives par les commissions d'arrondissement, dispose que les décisions y sont prises à la majorité, et qu'en cas de partage, la voix du président est prépondérante. Or, cette disposition est la consécration d'une règle de droit commun, d'un principe général, qui régit les décisions de tous les corps délibérants. Il en résulte que, bien que non écrite dans l'article 10, cette règle est applicable aux travaux des commissions de canton et de quartier chargées de dresser les listes préparatoires.

Cet article exige, par la disposition de son second alinéa, que chaque liste soit établie en deux originaux, dont l'un reste déposé au greffe de la justice de paix et l'autre est transmis au greffe du tribunal civil. Le dépôt du premier a pour but de permettre au public d'exercer le droit que lui confère le paragraphe final dudit article, de prendre connaissance des listes préparatoires pendant les quinze jours qui suivent ce dépôt.

Sous l'empire de la loi de 1853, les listes préparatoires devaient être envoyées au sous-préfet (au préfet pour l'arrondissement chef-lieu); mais aujourd'hui que la présidence des commissions d'arrondissement passe de ces fonctionnaires au président du tribunal civil (V. article 11, ci-après), il devenait indispensable que le second original des listes fût transmis au greffe de ce tribunal.

Art. 11.

La liste annuelle est dressée, pour chaque arrondissement, par une commission composée du président du tribunal civil ou du magistrat qui en remplit les fonctions, président; des juges de paix et des conseillers généraux. En cas d'empêchement, le conseiller général d'un canton sera remplacé par le conseiller d'arrondissement, ou s'il y a deux conseillers d'arrondissement dans le canton, par le plus âgé des deux.

A Paris, la commission est composée, pour chaque arrondissement, du président du Tribunal civil de la Seine ou d'un juge délégué par lui, président; du juge de paix de l'arrondissement et de ses suppléants, du maire, des quatre conseillers municipaux de l'arrondissement.

Les commissions de Saint-Denis et de Sceaux sont présidées par un juge du tribunal civil de la Seine, délégué par le président de ce tribunal.

COMMENTAIRE.

Ce sont les dispositions de l'article 11 qui apportent le changement le plus considérable aux dispositions de la législation antérieure relative à la composition des commissions d'arrondissement, c'est-à-dire à la loi du 4 juin 1853; car, on se le rappelle, le décret de 1848 n'avait point institué de commissions de révision.

Suivant l'article 11 de cette loi de 1853, la présidence de chaque commission appartenait à l'autorité administrative (préfet ou sous-préfet); la loi nouvelle défère cette présidence à l'autorité judiciaire en la personne du président du Tribunal civil. Ce n'est pas tout: aux termes du même article, les juges de paix composaient seuls, avec le préfet ou le sous-préfet, cette commission d'arrondissement qui, désormais, comprendra, outre les magistrats, les conseillers généraux des divers cantons de l'arrondissement. Voici, à cet égard, comment s'exprime l'exposé des motifs de la loi nouvelle : « Nous excluons de la commission d'arrondissement, comme nous l'avons fait pour la commission cantonale, toute ingérence administrative, et nous n'y donnons place qu'à l'élément judiciaire et à l'élément électif. Ils y seront l'un et l'autre représentés dans un parfait équilibre, par le conseiller général et le juge de paix de chacun des cantons de l'arrondissement ; et, pour bien marquer le caractère de l'œuvre à laquelle il s'agit de procéder, nous substituons à la présidence du préfet ou du sous-préfet, celle du magistrat le plus élevé de l'arrondissement, le président du Tribunal civil. »

Pour satisfaire, dans une juste mesure, les réclamations de certains députés qui ne cessaient de prétendre que l'élément électif ne serait pas suffisamment représenté dans les commissions de révision instituées par notre article; qu'il y serait constamment absorbé par l'élément judiciaire (les juges de paix devant bien se garder de manquer aux réunions, et au cas d'impossibilité de s'y rendre eux-mêmes, pouvant être remplacés par leurs suppléants); qu'il pourrait arriver que des conseillers généraux fussent empêchés; que certains siéges se trouvassent vacants, etc., etc.; pour satisfaire, disons-nous, à ce qu'il pouvait y avoir de légitime dans ces réclamations, la commission, d'accord en cela, comme en tout le reste, avec le Gouvernement, a ajouté au projet primitif la disposition d'après laquelle, au cas d'empêchement, un conseiller général devra être remplacé par un conseiller d'arrondissement.

En ce qui concerne la ville de Paris, il n'existait précédemment qu'une seule commission de révision qui, d'après l'article 11 précité de la loi de 1853, était composée du préfet de la Seine, président, et des juges de paix des vingt arrondissements. A l'avenir, il y aura autant de commissions que d'arrondissements, et chacune de ces commissions, placée sous la présidence du président du Tribunal civil de la Seine, comprend, outre ce magistrat, le juge de paix de l'arrondissement ainsi que ses suppléants, le maire et les quatre conseillers municipaux de l'arrondissement.

On remarquera que le président du Tribunal civil de la Seine est investi du pouvoir de déléguer à un juge de ce tribunal, la présidence des commissions, mais que ce droit de délégation n'a point été étendu aux présidents de tribunaux des autres départements. Si ces magistrats sont empêchés ou s'il y a vacance du siége, la présidence appartient au magistrat qui en remplit les fonctions, c'est-à-dire soit à un vice-président, soit au juge qui les exerce par droit d'ancienneté.

Cette différence est pleinement justifiée par ces deux considérations, à savoir : 1° qu'à Paris, le président du Tribunal a la présidence de vingt commissions, tandis que, partout ailleurs, il n'est appelé à en présider qu'une seule ; 2° que les occupations incessantes et les devoirs multiples et considérables qui incombent au président du Tribunal de la Seine peuvent, à un moment donné, absorber tous ses instants et le mettre dans l'impossibilité de présider même une seule de ces vingt commissions.

Ajoutons que la délégation dont il s'agit ne peut être donnée qu'à un juge titulaire ; la mention des juges suppléants que contenait le projet primitif a été retranchée par la commission, d'accord avec le Gouvernement. Il en est de même à l'égard des commissions de l'arrondissement de Sceaux et de celui de Saint-Denis : le magistrat sous la présidence duquel elles sont placées et que doit déléguer le président du Tribunal civil de la Seine, ne peut être que l'un des juges titulaires de ce tribunal. C'est la disposition formelle du troisième paragraphe de notre article.

ARTICLE 12.

Dans tous les cas prévus par la présente loi, le maire, s'il est empêché, sera remplacé par un adjoint expressément délégué.

COMMENTAIRE.

Sous l'empire de la loi du 4 juin 1853, qui ne contenait pas de disposition analogue à celle de notre article, on décidait que, bien que dans cette loi il ne fût nominativement question que du maire, lorsque celui-ci se trouvait empêché, il était régulièrement remplacé, soit par un adjoint, soit au cas d'empêchement de l'adjoint, par un conseiller municipal désigné par le préfet ou le premier dans l'ordre du tableau. C'était l'application de la règle générale et de droit commum écrite dans l'article 4 de la loi du 5 mai 1855 sur l'organisation municipale.

Désormais, et en présence d'un texte précis et tout spécial, l'adjoint ne pourra suppléer le maire empêché qu'en vertu d'une délégation. A défaut d'adjoint, nous pensons que le maire devrait, pour satisfaire aux prescriptions de l'article ci-dessus, déléguer expressément un conseiller municipal.

Dans les localités où accidentellement il n'y aurait pas de maire, c'est l'adjoint chargé d'en remplir les fonctions qui se trouverait, nécessairement et par la force des choses, investi du droit et à qui incomberait le devoir de faire partie de la commission.

Article 13.

La commission chargée de dresser la liste annuelle des jurés se réunit au chef-lieu judiciaire de l'arrondissement, au plus tard dans le courant de septembre, sur la convocation faite par le président du Tribunal civil. Elle peut porter sur cette liste des noms de personnes qui n'ont point été inscrites sur les listes préparatoires des commissions cantonales, sans toutefois que le nombre de ces noms puisse excéder le quart de ceux qui sont portés pour le canton. Elle a également la faculté d'élever ou d'abaisser, pour chaque canton, le contingent proportionnel fixé par le préfet, sans toutefois que la réduction ou l'augmentation puisse excéder le quart du contingent du canton, ni modifier le contingent de l'arrondissement.

Les décisions sont prises à la majorité ; en cas de partage, la voix du président est prépondérante.

COMMENTAIRE.

La présidence des commissions d'arrondissement appartenant désormais au président du Tribunal civil, la loi a dû, par voie de conséquence, et pour prévenir toute difficulté, disposer que les commissions se réuniraient, non au *chef-lieu d'arrondissement*, comme le portait l'article 12 de la loi de 1853, mais au *chef-lieu judiciaire*. On sait en effet, que, pour un certain nombre d'arrondissements, le chef-lieu judiciaire (siége du tribunal), est distinct du chef-lieu administratif (siége de la sous-préfecture).

Il résulte de cette disposition que, pour les arrondissements de Saint-Denis et de Sceaux qui ressortissent au Tribunal de la Seine, la réunion devra avoir lieu dans la ville de Paris.

On comprend quel a été le but du législateur, en autorisant les commissions d'arrondissement à augmenter comme à diminuer le contingent proportionnel jusqu'au maximum d'un quart du contingent cantonal, à la condition que celui de l'arrondissement n'en soit pas modifié. Il est certains cantons où ce n'est qu'avec une difficulté très-grande qu'il est permis d'atteindre le chiffre total des jurés que comporte leur population, tandis que, dans d'autres, il est extrêmement facile, au contraire, d'en désigner un nombre plus considérable que celui qu'ils sont appelés à fournir. Or, c'est en vue de rendre la composition des listes définitives le meilleur possible, que la loi a investi les commissions d'arrondissement du pouvoir d'opérer une sorte de compensation entre les cantons, pouvoir qui, d'ailleurs, leur avait été accordé déjà par l'article 11 de la loi du 4 juin 1853.

Il est presque superflu de dire ici que les causes qui justifient l'exercice de ce pouvoir sont nécessairement soumises à l'appréciation souveraine des commissions. Nous ajouterons que l'abaissement du chiffre du contingent proportionnel dans un canton a nécessairement pour corrélatif l'élévation de ce chiffre dans un ou plusieurs autres et réciproquement. Une commission peut fractionner ou répartir à son gré l'abaissement ou l'élévation des contingents cantonaux. Ainsi, par exemple, un contingent étant de 60 peut être réduit au minimum de 45, ou élevé au maximum de 75 (différence, en moins comme en plus : 15), et la commission est autorisée, soit à retrancher ce chiffre de 15 du contingent d'un canton, soit à le reporter sur un ou plusieurs autres et même sur tous, *vice versâ*.

Tout ce que nous venons de dire sur le pouvoir d'augmenter ou d'amoindrir un ou plusieurs contingents cantonaux, reçoit nécessairement application relativement aux contingents des divers quartiers d'un même arrondissement dans la ville de Paris. Bien qu'en conférant ce pouvoir aux commissions la loi n'ait parlé que du canton, il est manifeste que la même faculté existe à l'égard du quartier qui est aussi une fraction de l'arrondissement.

Qu'il nous soit permis, toutefois, d'exprimer ici le regret que, comme conséquence de l'établissement des listes définitives de la ville de Paris par arrondissement, cette faculté ne puisse plus être exercée que relativement aux quatre quartiers d'un même arrondissement, alors que, sous l'empire de la loi de 1853, elle pouvait l'être pour les arrondissements entre eux par rapport à la ville de Paris tout entière.

Les divers quartiers d'un même arrondissement ont entre eux une certaine homogénéité qui rend presque illusoire la faculté dont il s'agit, tandis qu'il en est autrement si la comparaison s'établit à l'égard des arrondissements entre plusieurs desquels il existe de très-réelles et de très-sensibles inégalités. Prenons un exemple : supposons que le quartier de Charonne ne puisse qu'avec beaucoup de difficulté fournir le contingent de jurés que lui assigne l'arrêté de répartition.

Le droit d'abaisser le chiffre de ce contingent et de prendre ailleurs la portion manquante ne pourra restrictivement s'exercer que dans le vingtième arrondissement; c'est-à-dire que cette portion manquante devra être fournie par l'un des trois autres quartiers (Saint-Fargeau, Père-Lachaise, ou Belleville) ou répartie, soit sur deux d'entre eux, soit sur tous. Or, il se peut que la charge normale incombant à chacun de ces trois quartiers soit aussi lourde pour lui que celle qui pèse sur le quatrième, et dès lors il devient impossible d'user de la faculté dont il s'agit.

Il en serait différemment si, comme autrefois, il n'existait, pour la ville de Paris, qu'une seule commission ayant, pour l'élévation ou l'abaissement des contingents, le droit de se mouvoir dans l'étendue de la liste totale, pouvant demander à tel arrondissement où les lumières sont plus répandues de compléter le contingent de tel autre où l'on ne rencontre dans la population qu'un petit nombre d'aptitudes, et qui, par suite, se trouve dans l'impossibilité de le fournir en entier.

La pratique démontrera peut-être l'inconvénient que nous signalons ici, ce qui donnerait l'espoir de voir prochainement modifier cette partie de la disposition que nous examinons en ce moment.

Les commissions d'arrondissement ont reçu de la loi nouvelle un pouvoir plus considérable que celui d'élever ou d'abaisser les contingents cantonaux, c'est la faculté de désigner et d'inscrire sur les listes annuelles et définitives des noms de jurés qui ne figurent point sur les listes préparatoires de cantons ou de quartiers, mais toujours à la condition que le contingent de l'arrondissement n'en souffrira aucune atteinte, soit en plus, soit en moins, et à cette autre condition aussi que le nombre de noms nouveaux ne dépassera pas le quart de ceux qui sont portés pour le canton.

Du reste, sous ce dernier rapport, cette disposition se combine avec celle relative au pouvoir d'élever ou d'abaisser le chiffre d'un contingent en ce sens que, si la commission croyait devoir user de la double faculté à l'égard d'un même canton, le nombre des jurés de ce canton ne pourrait toujours être augmenté ou diminué que d'un quart au maximum.

Exemple : Le quartier de Charonne doit fournir 20 jurés ; la commission, autorisée à réduire ce nombre seulement à 15, peut demander la portion manquante à l'un ou plusieurs des trois autres quartiers, ainsi que nous l'avons dit précédemment, et même la prendre en dehors de leurs listes : mais elle ne pourrait charger l'un de ces quartiers, ni même tous trois de fournir, en dehors de leur contingent normal et cumulativement, cinq jurés à l'aide de ces listes et cinq autres pris en dehors, ce qui serait excéder, contrairement à la loi, le maximum de diminution que le quartier de Charonne peut supporter.

Nous allions oublier de faire connaître ici que l'opinion contraire au principe même de la loi, opinion qui s'est fait jour au sein de l'Assemblée nationale par l'organe de MM. Boysset, Lepère, Brisson et autres députés, a essayé de se montrer encore lors de la discussion de l'article 13. M. Girerd demandait la suppression de cette double faculté accordée aux commissions de révision de s'écarter jusqu'à concurrence d'un quart au maximum des listes dressées par les commissions cantonales, tant au point de vue de la modification des contingents, que relativement à l'inscription de noms nouveaux.

La proposition de l'honorable député était fondée sur ce que ces commissions de canton accomplissent le travail essentiel, étant plus aptes que qui que ce soit, dit-il, à découvrir les capacités.

Après une réponse, courte mais décisive, du rapporteur, l'Assemblée a adopté l'article 13 dont nous venons d'expliquer le sens et la portée.

Article 14.

La liste de l'arrondissement, définitivement arrêtée, est signée séance tenante. Elle est transmise, avant le 1er décembre, au greffe de la cour ou du tribunal chargé de la tenue des assises.

COMMENTAIRE.

Sous l'empire de la loi du 4 juin 1853, les listes d'arrondissement (et il en était de même des listes cantonales définitives dressées en vertu du décret de 1848) devaient être envoyées au secrétariat général de la préfecture, et c'est à l'aide de ces listes, que le préfet dressait la liste annuelle du département qu'il était chargé de transmettre au greffe du siége où se tiennent les assises (décret de 1848, articles 17 et 18; loi de 1853, articles 12 et 14).

Désormais le préfet reste complétement étranger, même à l'établissement de la liste départementale. C'est, comme on le verra tout à l'heure, au président de la Cour d'appel ou du Tribunal du chef-lieu qu'incombe le soin de dresser cette liste, conformément à celles des arrondissements. La loi devait donc prescrire, dès lors, qu'elles fussent transmises directement à ce magistrat.

Précédemment, l'époque fixée pour cette transmission était la mi-décembre, parce que le travail d'établissement des listes pour chaque département était préalablement accompli par l'administration. Or, en fixant le délai au premier décembre, la loi nouvelle a eu pour but de donner au président le temps nécessaire pour qu'il pût accomplir ce travail, délai qui n'est d'ailleurs que strictement suffisant, si l'on songe que le tirage au sort des jurés doit avoir lieu dix jours au moins avant l'ouverture des assises (Voir ci-après article 18), et qu'il est un certain nombre de départements où, comme dans celui de la Seine, les assises se réunissent dès le mois de janvier.

ARTICLE 15.

Une liste spéciale de jurés suppléants, pris parmi les jurés de la ville où se tiennent les assises, est aussi formée chaque année en dehors de la liste annuelle du jury.

Elle comprend trois cents jurés pour Paris, cinquante pour les autres départements.

Cette liste est dressée par la commission de l'arrondissement où se tiennent les assises.

A Paris, chaque commission d'arrondissement arrête une liste de quinze jurés suppléants.

COMMENTAIRE.

Aux termes du décret de 1848 (article 9) et de la loi du 4 juin 1853 (article 13), il devait être dressé aussi une liste spéciale de jurés suppléants. Cette dernière loi avait limité à deux cents seulement le nombre de ceux de la ville de Paris; la loi nouvelle, en fixant ce nombre à quinze par arrondissement, revient au chiffre de trois cents qu'avait fixé l'article 9 du décret de 1848.

Sous la loi de 1853, il était procédé, pour la formation de cette liste spéciale, d'après les règles prescrites pour l'établissement de la liste des jurés titulaires, c'est-à-dire que la commission cantonale du chef-lieu judiciaire dans chaque département, et, dans la ville de Paris, les commissions d'arrondissement, étaient chargées de dresser une liste préparatoire contenant un nombre de noms triple de celui fixé par la loi, et à l'aide de laquelle la commission du chef-lieu établissait la liste définitive.

Le mode actuel de procéder est à la fois plus simple et plus rapide. La loi ayant supprimé les listes préparatoires, désormais, dans les départements, la commission d'arrondissement de la ville où se tiennent les assises désigne directement les cinquante jurés suppléants qui forment le contingent de cette ville; et à Paris, chaque commission d'arrondissement établit une liste de quinze noms qui, répétés autant de fois qu'il y a d'arrondissements, forment le total de trois cents jurés suppléants que la ville est appelée à fournir.

Art. 16.

Le premier président de la Cour d'appel ou le président du Tribunal chef-lieu d'assises dresse, dans la première quinzaine de décembre, la liste annuelle du département, par ordre alphabétique, conformément aux listes d'arrondissement. Il dresse également la liste spéciale des jurés suppléants.

COMMENTAIRE.

Le travail d'établissement des listes départementales dont cet article charge chaque président du siége des assises incombait précédemment au préfet de chaque département : telles étaient, nous l'avons dit déjà, la disposition de l'article 18 du décret du 7 août 1848, et celle de l'article 14 de la loi du 4 juin 1853.

Pour faciliter au président l'accomplissement de ce travail, on ne saurait trop recommander aux commissions d'arrondissement et à celles de canton d'inscrire les noms qui figurent sur leurs listes dans un *ordre alphabétique rigoureux*.

ART. 17.

Le juge de paix de chaque canton est tenu d'instruire immédiatement le premier président de la Cour ou le président du Tribunal chef-lieu d'assises des décès, des incapacités ou des incompatibilités légales qui frapperaient les membres dont les noms sont portés sur la liste annuelle.

Dans ce cas, il est statué conformément à l'article 390 du Code d'instruction criminelle (1).

COMMENTAIRE.

L'article 15 de la loi du 4 juin 1853 imposait au préfet l'obligation d'instruire le président de la Cour

---

(1) ART. 390. — Si parmi les quarante individus désignés par le sort, il s'en trouve un ou plusieurs qui, depuis la formation de la liste arrêtée en exécution de l'article 387 (aujourd'hui l'article 11 de la loi du 21 novembre 1872), soient décédés, ou aient été légalement privés des capacités exigées pour exercer les fonctions de juré, ou aient accepté un emploi incompatible avec ces fonctions, la Cour, après avoir entendu le procureur général, procédera, séance tenante, à leur remplacement. — Ce remplacement aura lieu dans la forme déterminée par l'article 388 (aujourd'hui l'article 18, ci-après).

ou du Tribunal chef-lieu des décès et des incapacités légales des jurés inscrits sur les listes annuelles. Aujourd'hui ce sont les juges de paix que la loi charge de ce soin, et notre article ajoute, avec raison, les incompatibilités aux décès et aux incapacités dont il s'agit. Il va sans dire que le juge de paix est tenu de donner avis, non pas de tous les cas de décès, d'incapacité et d'incompatibilité qui surviennent, mais de ceux qui arrivent à sa connaissance.

On remarquera qu'en ce qui concerne les incapacités résultant de condamnations judiciaires, le législateur eût sagement fait d'imposer, soit aux officiers du ministère public, soit directement aux greffiers des cours et tribunaux, l'obligation d'informer le président de ces condamnations qui ne parviennent que très-exceptionnellement à la connaissance du juge de paix.

La loi n'impose l'obligation de donner au président l'avis prescrit par notre article qu'au juge de paix de *chaque canton*. Il est manifeste que c'est là une disposition très-générale qui doit être observée également dans les villes qui, comme celle de Paris, sont divisées en arrondissements.

TITRE III.

De la composition de la liste du Jury pour chaque session.

Article 18.

Dix jours au moins avant l'ouverture des assises, le premier président de la Cour d'appel ou le président du Tribunal chef-lieu d'assises, dans les lieux où il n'y a pas de Cour d'appel, tire au sort, en audience publique, sur la liste annuelle, les noms des trente-six jurés qui forment la liste de la session. Il tire, en outre, quatre jurés suppléants sur la liste spéciale.

COMMENTAIRE.

Cette disposition est la même que celle du premier alinéa de l'article 20 du décret du 7 août 1848, sauf que le nombre des jurés suppléants, fixé à six par ce décret, est réduit à quatre, et elle reproduit textuellement celle de l'article 17 de la loi du 4 juin 1853.

Sous l'empire des lois antérieures (Code d'instruction criminelle, article 388 ; loi du 2 mai 1827, article 9), le premier président de chaque Cour d'appel était chargé de tirer au sort le jury de session pour le service des assises dans tous les départements de son ressort. L'innovation apportée à cet état de choses par le décret de 1848, maintenu par la loi de 1853, et confirmé par la loi actuelle, a pour but de concentrer au siége de chaque Cour d'assises toutes les opérations concernant la formation définitive du jury.

Notre article n'indique pas quelle est la Chambre à l'audience de laquelle doit être effectué le tirage au sort du jury de session, et le décret de 1848 ainsi que la loi de 1853 contenaient la même lacune. Or, la troisième disposition de l'article 388 du Code d'instruction criminelle dont les deux premières ont été abrogées, porte : « Le tirage au sort sera fait en audience publique de la première Chambre (de la Cour ou du Tribunal) ou de la Chambre des vacations.

Il doit être procédé à un tirage complémentaire lorsque, parmi les jurés désignés par le sort, il s'en trouve qui sont décédés, frappés d'incapacité ou atteints d'incompatibilité depuis l'inscription de leurs noms sur les listes annuelles. — Sur ce point, voir ci-dessus, en note de l'article précédent, le texte de l'article 390 du Code d'instruction criminelle.

Article 19.

Si, au jour indiqué pour le jugement, le nombre des jurés est réduit à moins de trente par suite d'absence ou pour toute autre cause, ce nombre est complété par les jurés suppléants, suivant l'ordre de leur inscription ; en cas d'insuffisance, par des jurés tirés au sort, en audience publique, parmi les jurés inscrits sur la liste spéciale ; subsidiairement parmi les jurés de la ville inscrits sur la liste annuelle.

Dans le cas prévu par l'article 90 du décret du 6 juillet 1810 (1), le nombre des jurés titulaires est com-

(1) Décret du 6 juillet 1810, article 90. Les assises ne pourront

plété par un tirage au sort fait, en audience publique, parmi les jurés de la ville inscrits sur la liste annuelle.

COMMENTAIRE.

La première partie de cet article est la reproduction de l'article 20, § 2, du décret du 7 août 1848, et de l'article 18 de la loi du 4 juin 1853, lequel prévoyait aussi, dans une seconde disposition, le cas exceptionnel où, en vertu de l'article 90 du décret du 6 juillet 1810, une ville autre que le chef-lieu judiciaire aurait été désignée pour la tenue des assises.

Aux termes de l'article 395 du Code d'instruction criminelle, la liste des jurés doit être notifiée à chaque accusé la veille du jour déterminé pour la formation du tableau, c'est-à-dire la veille du jour où l'affaire est soumise au jury, ni plus tôt, ni plus tard, et l'on sait qu'il est de jurisprudence constante, attestée par une multitude d'arrêts que la notification prescrite par cet article ne doit s'entendre que de la liste des jurés titulaires et suppléants tirés au sort dix jours avant l'ouverture des assises (Art. 18). Or, M. Bozerian, avocat à la Cour de cassation et député, avait

---

être convoquées pour un lieu autre que celui où elles doivent se tenir habituellement, qu'en vertu d'un arrêt rendu dans l'assemblée des chambres de la Cour, sur la requête du procureur général.

Cet arrêt sera lu, publié et affiché, ainsi qu'il est dit ci-dessus pour l'arrêt qui doit fixer l'époque de la tenue des assises pendant le premier trimestre de l'installation.

proposé une disposition additionnelle à l'article 91, tendant à étendre obligatoirement la formalité de la notification à la liste complémentaire établie au cas exceptionnel prévu par ce même article; mais, sur quelques explications très-nettes de M. Bigot, cette disposition a été repoussée comme impraticable en ce qu'elle aurait pour conséquence de nécessiter le renvoi de l'affaire à un ou plusieurs jours de délai, parfois même à une autre session.

L'ancien état de choses demeure donc subsistant, et désormais il est bien entendu que le rejet de la proposition tranche nettement la difficulté en ce qu'elle implique l'inutilité de la notification dont il s'agit.

Article 20.

L'amende de 500 francs, prononcée par le deuxième paragraphe de l'article 396 du Code d'instruction criminelle (1), peut être réduite par la Cour à 200 fr., sans préjudice des autres dispositions de cet article.

---

(1) Art. 396. — Tout juré qui ne se sera pas rendu à son poste, sur la citation qui lui aura été notifiée, sera condamné, par la Cour d'assises, à une amende, laquelle sera, *pour la première fois, de 500 francs*, pour la seconde de 1,000 francs, et pour la troisième de 1,500 francs. Cette dernière fois, il sera de plus, déclaré incapable d'exercer à l'avenir les fonctions de juré. L'arrêt sera imprimé et affiché à ses frais.

COMMENTAIRE.

Cette disposition avait été introduite déjà dans la loi du 4 juin 1853 dont elle formait l'article 19. « Lorsqu'un juré défaillant, a dit le rapporteur de cette loi devant le Sénat, n'est pas dans l'aisance, une amende de 500 francs paraît trop forte au juge qui, ne pouvant la modérer, admet plus facilement des excuses et n'inflige aucune peine. Par suite de la faculté de réduire l'amende, le refus de remplir le devoir qu'impose le titre de juré ne demeurera pas impuni. »

Mais il faut bien prendre garde que c'est seulement l'amende de 500 francs que la Cour d'assises est autorisée à réduire jusqu'au minimum de 200 francs. Quant à celles de 1,000 francs et de 1,500 francs, encourues à raison de la récidive simple et de la double récidive, elles ne peuvent être modérées.

TITRE IV.

Dispositions générales.

Article 21.

La loi du 4 juin 1853 et le décret du 14 octobre 1870 sont abrogés.

Les dispositions du Code d'instruction criminelle qui ne sont pas contraires à la présente loi continueront d'être exécutées.

La liste générale du jury et la liste annuelle, dressées pour l'année 1872, seront valables pour cette année.

COMMENTAIRE.

Les dispositions du décret du 7 août 1848, remplacées par celles de la loi du 4 juin 1853, avaient été remises en vigueur par le décret du 14 octobre 1870 qu'abroge, en même temps que la loi de 1853, l'article 21 ci-dessus de la loi nouvelle, la seule qui, désormais, règle pour l'avenir tout ce qui concerne la formation des listes du jury en matière criminelle.

Les dispositions du Code d'instruction qui se trouvent remplacées par cette loi (et qui l'étaient déjà par le décret de 1848 et la loi de 1853) sont celles des articles 381, 382, 383. 384. 386, 387, des paragraphes 1 et 2 de l'article 388 (le troisième est toujours en vigueur. ainsi que nous l'avons dit déjà), et enfin de l'article 393. Toutes les autres dispositions demeurent subsistantes.

Dispositions transitoires.

ARTICLE 22.

En 1872, pour l'année 1873, la répartition prescrite par l'article 7 sera faite en conseil de préfecture, dans les huit jours qui suivront la promulgation de la présente loi.

Les commissions chargées de dresser les listes préparatoires se réuniront du 1er au 10 décembre. Le public sera admis à prendre connaissance des listes préparatoires pendant les cinq jours qui suivront le dépôt de ces listes au greffe de la justice de paix.

Les commissions chargées de dresser les listes annuelles se réuniront du 15 au 25 décembre.

Le premier président de la Cour d'appel ou le président du Tribunal chef-lieu d'assises dressera, du 25 au 31 décembre, la liste annuelle du département et la liste spéciale des jurés suppléants.

Les sessions d'assises qui se tiennent pendant le mois de janvier ne s'ouvriront pas avant le 15 janvier 1873. Toutes sessions dont l'ouverture serait indiquée pour une date plus rapprochée sont remises au lundi 21 janvier 1873.

COMMENTAIRE.

Les dispositions du présent article, qui est le dernier de la loi nouvelle, sont, on le voit, purement transitoires. Malgré l'époque avancée de l'année, le législateur a voulu que cette loi qui, comme l'a dit avec tant d'autorité M. le Garde des Sceaux, était commandée par les motifs les plus légitimes et les plus sérieux, et qui donne satisfaction à un intérêt d'ordre social, fût mise immédiatement en activité, et que les premières assises de 1873 pussent fonctionner avec des jurés désignés conformément aux dispositions nouvelles. Il a donc fallu abréger certains délais, indiquer transitoirement pour l'accomplissement des opérations des époques autres que celles fixées par la loi elle-même.

C'est ainsi que le travail préfectoral de répartition du nombre des jurés par canton ou par quartier doit avoir lieu dans la huitaine de la promulgation de la loi (laquelle est insérée au *Journal officiel* du 24 novembre); que les commissions doivent s'occuper de l'établissement des listes, savoir : celles de canton ou de quartier, du 1er au 10 décembre 1872, et celles d'arrondissement, du 15 au 25 du même mois; et c'est du 25 au 31 que les listes annuelles des départements doivent être dressées par le président de la Cour ou du Tribunal chef-lieu d'assises. Enfin, et pour que les formalités de tirage au sort des jurés qui doivent former la liste de service pour la session, de notification de cette liste, etc., puissent s'accomplir dans les délais prescrits, le législateur a disposé que, pour le mois de janvier 1873, aucune session d'assises ne pourrait s'ouvrir avant le 15 de ce mois.

IMPRIMERIE CENTRALE DES CHEMINS DE FER. — A. CHAIX ET Cᵉ
RUE BERGÈRE, 20. — 20980-2.

OUVRAGES DU MÊME AUTEUR

Révision du Code de Procédure civile. — *Première partie :* CONCILIATION ET COMPÉTENCE. — Paris, BOST, rue des Saints-Pères, 12. — Broch. in-4°.......... Prix : 1 fr. 75 c.

Révision du Code de procédure civile. — *Deuxième partie :* DE LA PROCÉDURE. — Paris, BOST, rue des Saints-Pères, 12. — Broch. in-4°............... Prix : 1 fr. 75 c.

Les deux parties réunies.................. — 3 fr.

Traité pratique de la compétence des Juges de paix, en matière contentieuse. — Paris, BOST, rue des Saints-Pères, 12, et A. DURAND, rue Cujas, 7. — Un très-fort vol. in-8° de plus de 700 pages.......................... Prix : 8 fr.

Traité de la Police Judiciaire, en matière de crimes et délits, dans ses rapports avec les attributions des Juges de paix, Suppléants et autres officiers auxiliaires. — Paris, BOST, rue des Saints-Pères, 12. — Un vol. in-8°............ Prix : 4 fr.

Traité de la Police du Roulage, dans ses rapports avec la compétence des tribunaux de simple police ; de la constatation, de la poursuite et de la répression des contraventions, suivi de formules de Jugements et de Procès-verbaux. — Paris, BOST, rue des Saints-Pères, 12, et DURAND, rue Cujas, 7. — Un fort vol. in-8°.............................. Prix : 4 fr.

Supplément au Traité de la Police du Roulage. — Paris, BOST et DURAND. — Broch. in-8°..... Prix : 50 cent.

Traité des Règlements et des Arrêtés administratifs ; de leur effet et de leur sanction. — Paris, BOST, rue des Saints-Pères, 12. — Un vol. grand in-8°............... Prix : 2 fr.

Des mauvais traitements envers les Animaux domestiques, et de leur répression. — Explication de la loi du 2 juillet 1850, dite : *Loi Grammont.* — Paris, BOST, rue des Saints-Pères, 12. — Un vol. grand in-12........ Prix : 1 fr.

De l'Émancipation, de la Tutelle et des Conseils de famille des mineurs étrangers, en France. — Paris, BOST, rue des Saints-Pères, 12. — Broch. in-8°..... Prix : 50 cent.

Pour recevoir ensemble ou séparément les ouvrages ci-dessus, en adresser le *prix en timbres-poste ou mandat,* à M. BOST, 12, rue des Saints-Pères, à Paris.

IMPRIMERIE CENTRALE DES CHEMINS DE FER. — A. CHAIX ET Cie,
RUE BERGÈRE, 20, A PARIS. — 20982-2.

www.ingramcontent.com/pod-product-compliance
Ingram Content Group UK Ltd.
Pitfield, Milton Keynes, MK11 3LW, UK
UKHW020330180726
13839UKWH00002B/621